30の「王」からよむ世界史

本村凌二＝監修
造事務所＝編著

nbb
日経ビジネス人文庫

はじめに

ヘーゲルは厳格な口調でこう語る。「経験と歴史が教えてくれるのは、民衆や政府が歴史からなにかを学ぶといったことは一度たりともなく、また歴史からひきだされた教訓にしたがって行動したことなどまったくない、ということです。」（『歴史哲学講義』）とは耳が痛くなる。ここから聞こえてくるのは、集団としての人間は歴史から学ぶことなどなかったということだろう。然らば、問い返したくなる。個人としての人間であれば、歴史の教訓をひきだすことができるのだろうか。とりわけ歴史を敬遠しがちな若者であったら、はたして歴史に目が向くのだろうか、という思いも深い。

歴史に「もし」はないと言われるが、必ずしもそうだと言えるわけではない。たとえば、こんな問いかけならば、愚問として片づけるわけにはいかない。

もしアレクサンドロス大王がいなかったならば、ヘレニズム世界は成立していただろうか？　もしコンスタンティヌス大帝がいなかったならば、キリスト教に基づく一神教世界は拡大定着しえただろうか？　もし康熙帝がいなかったならば、満州族と漢民族を融合する文化的土壌は築かれただろうか？　もしピョートル大帝がいなかったならば、ロシアにおける近代化は本格的なものになっていただろうか？

——などの疑問は決して愚問ではない。

だが、19世紀以後になると、いささか様相は異なってくる。

もしヴィクトリア女王がいなかったら、イギリスは大英帝国と呼ばれるほどの大国になっていただろうか？　もし善良なニコライ2世がいなかったら、民衆を巻き込むほどのロシア革命は起こっただろうか？

——などと問いかけるのは、まったく愚かしいのではないだろうか。

このような差異はなぜ生じたのだろうか。

この点については、大局的に見れば、専制君主制と立憲君主制との違いということになる。前者では君主の権力行使を拘束する法が何もないのであり、君主個人の意思がそのまま国家の意思として通用するのである。その極みがルイ14世の「朕は国家なり」として典型的に見られるところである。これに対して、後者では、君主の権力行使が法によって何らかの制約を受けており、君主といえども個人意思をそのまま通用させることはできないのである。ヴィクトリア女王時代の大英帝国はまさしく「君臨すれど統治せず」の典型であったといえる。

もちろん、現実の事態は単純に二分されるものではなく、具体的な歴史はさまざまな実力者や勢力がしのぎを削っていたに違いない。国王といえども人間であるから、性格における弱味もある。そこにつけ入る隙もあるし、逆にその弱味を見せまいとする国王もいる。

ヘーゲルは「民衆や政府」は歴史から何一つ学んだことはないと断言した。たしかに、集団としてなら、人間は想像をめぐらす余地はない。だが、個人としてなら、われわれはあれこれ想像してみることができる。もしかしたらこの想像力という心の戯れこそが人間の学習能力をかきたてるのかもしれない。

そういうわけで、ヘーゲルの警告に反して、個人としてならわれわれは歴史に学ぶことができるのではないだろうか。とりわけ、最高権力者という立場の国王の伝記であれば、われわれがそこから何かの教訓をくみ取ることができる。とはいえ、それほど大義名分を立てずとも、世界史における国王30人の小伝は教養としての読書の楽しみでもある。そこからさらに、興味深い国王の伝記を深めることになれば、それは本物の教養になるはずだ。

本村凌二

目次

Contents

編集構成・系図・ＤＴＰ　造事務所
地図　原田弘和
文　五十嵐綾子、村中崇、佐藤賢二、大河内賢
イラスト　関谷英雄

ハンムラビ王

復讐合戦をやめさせた正義

「目には目を、歯には歯を」で知られる「ハンムラビ法典」。編纂したのは、古代メソポタミアに興った古バビロニア王国（バビロン第一王朝）の王・ハンムラビだ。

強大な都市国家に囲まれていた古バビロニア王国を盛り立て、メソポタミア統一を成し遂げたハンムラビ。のちの法典編纂までに行われた事業の背景には、王のある考えが秘められていた。ハンムラビ法典は、なぜつくられたのか。法典成立までの思いを紐解くと、教科書からは見えない、王の姿が見えてくる。

〔生没〕不詳
〔在位〕紀元前1792年～紀元前1750年

古バビロニア王国

「川の間の地域」の興亡

世界史の授業を思い出してみてください。現在のイラクなどにあたる西南アジアの古代史から始まります。教科書で、二人の人物と文字が刻まれた細長い石碑の写真を見たことがあるでしょう。古代にこの地域を征服したハンムラビ王が編纂した「ハンムラビ法典」です。石碑は１９０１年、フランスの考古学者によって発見され、現在はパリのルーヴル美術館に収蔵されています。

ハンムラビ王が君臨した地域は、ティグリス川とユーフラテス川の2本の大河が流れ、「川の間の地域」を意味する「メソポタミア」と呼ばれます。年間降水量が極端に少ないこの地域では雨水に頼る農耕は不可能で、河川から水を引く灌漑《かんがい》施設が必要でした。灌漑を主導する強力な指導者が現れ、各地に中央集権的な都市国家が築かれます。

まずシュメール人が紀元前３０００年ごろに都市国家を築きますが、前２０００年ごろ、ウル第3王朝に遊牧民のアムル人が侵入し、シュメール人国家は滅亡します。

以降はイシンやラルサなど、アムル人の国家が台頭します。前1890年ごろにはメソポタミア南部のバビロンを首都とする古バビロニア王国（バビロン第1王朝）が興りますが、周辺国家と比べて弱小国でした。

なお、似た名前で混同されやすい新バビロニア王国は、古バビロニア王国の滅亡からおよそ1000年後、同じくバビロンを首都として興った別の王国を指します。ユダヤ人がバビロンに強制移住させられた「バビロン捕囚」は、新バビロニア王国時代のできごとです。

数々の公共事業とメソポタミア統一

ハンムラビ王が即位したころ、古バビロニア王国はラルサやエシュヌンナ、マリなどの都市国家に囲まれ、メソポタミア北部を支配していたアッシリアの宗主権下にありました。ところが、ハンムラビ王の治世18年ごろにアッシリア王が死ぬと、その政治的影響から解放されたハンムラビ王は約10年にわたって、神殿や周壁の建設・修復、灌漑施設や運河の整備など、内政に専念するようになります。

古バビロニア王国の領土

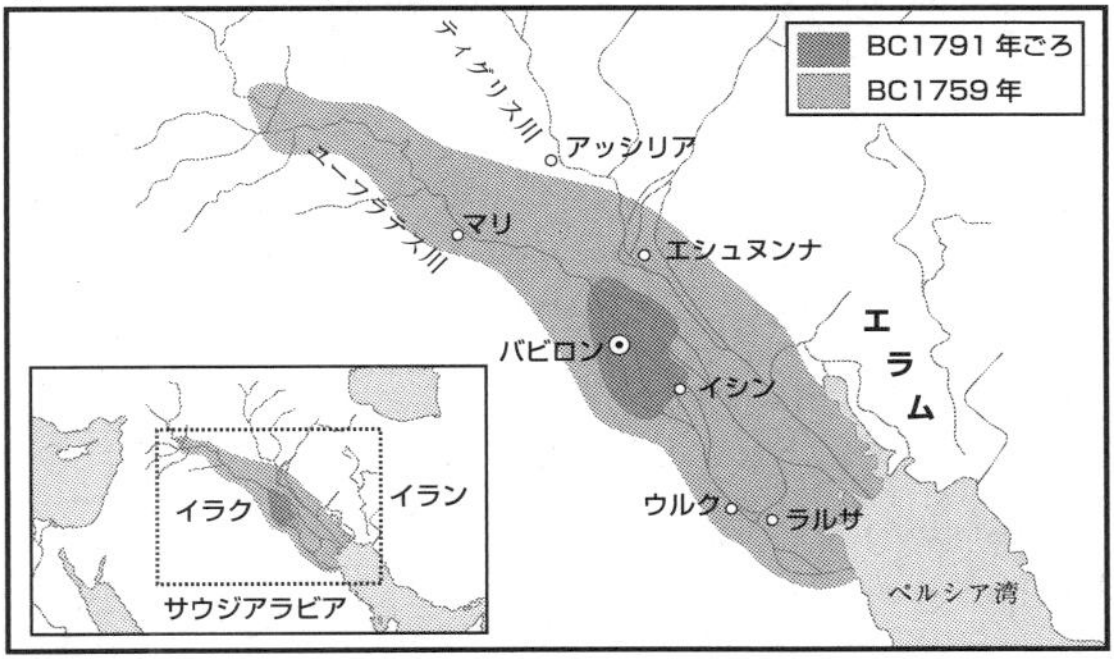

小国だった古バビロニア王国は、ハンムラビ王の外征により周辺諸国を併呑。メソポタミア地域の大部分に影響力を及ぼした。

とくに農業生産力や輸送力向上などにつながる運河や灌漑施設の維持管理は、民の生活を預かる王の責務と考えており、ペルシア湾に至る大運河網を整備します。

内政に力を入れることができたのは、周辺諸国と友好関係を築いていたからです。しかし治世29年ごろ、周辺国のエラムがエシュヌンナを攻撃します。次いで古バビロニア王国を標的にしたことをきっかけに、ハンムラビ王は外征に乗り出します。

国内に総動員令を発し、通常は徴兵しない商人も軍に組み入れ、エラム、エシュヌンナ、ラルサなどを次々と支配しました。治世末期にはメソポタミアのほぼ全域を支配下に置きました。

「目には目を」に込められた真意とは

ハンムラビ法典は、メソポタミア統一後に編纂されました。現在に伝わる法典碑には結婚から農業、遺産相続、刑罰まで、民の生活に関わる282条の条文が刻まれています。これは法的拘束力のある法規ではなく、判例を集めた手引書のようなものでした。

かつてハンムラビ法典は世界最古の法典といわれていました。しかし、ウル第3王朝初代王の「ウルナンム法典」、イシン5代目王の「リピト・イシュタル法典」、エシュヌンナ王の「エシュヌンナ法典」という、より古い法典が発見され、現在では4番目に古い法典とされています。ハンムラビ法典は世界最古の座を明け渡したものの、ハンムラビ王が3法典を継承し、集大成したことには歴史的な価値があります。

「目には目を、歯には歯を」というフレーズは、ハンムラビ法典の特徴である同害復讐法の原則を表しており、「他人の目をつぶした者はその目をつぶされる」など、加害者が被害者に与えた危害と同程度の罰を受けることを意味します。

当時は何者かに危害を加えられた場合、その報復が当事者を超えて家族・部族間の問題にまで発展することがありました。ハンムラビ王の狙いは、このような復讐合戦をやめさせ、トラブルを当事者間にとどめるというものでした。

ただ、同害とはいっても、当事者の身分によって刑罰に差がありました。ハンムラビ王の時代の社会は、自由人と奴隷からなり、自由人は上層自由人と下層（一般）自由人に分けられます。「下層自由人の歯を打ち落とした場合には、銀1ミナを支払え」「もし他人の奴隷の目をつぶし、あるいはその骨を折ったならば、銀2分の1ミナを支払え」など、被害者の身分が低くなるほど罪は軽く扱われました。

正義を行い弱者を守る

ハンムラビ王はなぜ、法典を編纂したのでしょうか。法典の前文に「国土に正義を顕すため」と意図が記載されています。「正義」とは、社会的に強い立場にある者が、寡婦や女児など社会的弱者を虐げることのないよう保護することです。弱者を守るため、人々の幸せのために、規律や分別ある行動を国民に課したということです。

正義という言葉は、メソポタミアではウル第3王朝以前から文献に登場し、ウル第3王朝時代には社会正義の維持が王の責務とされていました。こうした正義に対する意識は最古の法典である「ウルナンム法典」に盛り込まれ、ハンムラビ法典まで継承されました。ハンムラビ王は前例にならいつつ、みずからも王としての責務を果たすために法典をつくったといえるでしょう。

ハンムラビ王は国民に規律や分別を一方的に求めただけでなく、自身も正義を実践しました。支配下の住民、とりわけ農民や牧民、かご職人など、比較的弱い立場にある者の苦情を聞き、問題解決のために部下に命令を下しています。

また法典には、正義の顕現を神々に任されたという記述も見られます。法典碑に並んで彫られた図は、ハンムラビ王がメソポタミアの太陽神シャマシュから、王権の象徴である棒と縄を与えられている様子です。棒と縄は神殿や耕地などの測量に用いられた道具を意味しており、建設者である王の象徴でした。

メソポタミアでは古くから、王権は人々の利益のために神々からもたらされたという考えがあり、法典碑からは神々に託された使命を果たそうとする王の姿もまた見えてきます。

国が滅んでも受け継がれ続けた法典

法典碑では王の責務として国家の防衛、作物の収穫の確保も挙げています。これもウルナンム法典以来受け継がれてきた考え方です。国を守るための戦争や、大規模な灌漑工事、神殿の整備などもまた、王の責務として遂行しました。

古バビロニア王国はハンムラビ王の死後、内乱や外敵などにより衰退します。そして11代王のとき、現在のトルコに興ったヒッタイト王国の攻撃を受けて滅亡しました。

しかし、王国は滅んでも、ハンムラビ法典は長い間生き続けました。１０００年以上にわたって書き写され、多くの写本が残っていることから、法典は権威あるものとして各時代で受け入れられたようです。法学者の研究書としても活用され、後世の法典編纂にも影響を与えました。

王の責務を全うしようとするハンムラビ王の思いは、国の領土を広げ、人々の生活を豊かにし、社会に公正さを取り戻しました。王国は滅亡し、時代を経ても、ハンムラビ王の思いは、国や時代を超えて受け継がれていったのです。

ラムセス2世

最古の講和条約を結んだ「建築王」

パスポートを持ち、飛行機に乗った古代エジプトのファラオがいるといったら、信じられるだろうか。紀元前13世紀に生きたラムセス2世は、20世紀に空路で、エジプトからフランスのパリに旅立ったのである。

　ラムセス2世は、世界初の講和条約をもって国に平和をもたらした。またエジプト各地に築き上げた巨大建築物は、旧約聖書から現代の世界遺産にまで影響を及ぼしている。古代から現代まで圧倒的な存在感を誇る、大ファラオの足跡をたどる。

〔生没〕不詳〜紀元前1212年

〔在位〕紀元前1279年〜紀元前1212年

エジプト新王国（第19王朝）

現代も生き続けるファラオ

古代エジプトのファラオ（王）といえば、ツタンカーメンを思い浮かべる人が多いでしょう。この少年王は功績も乏しいまま若くして命を落としたため、墓の盗掘を免れ、多くの副葬品がエジプト考古学博物館に収蔵されています。そのほぼ同時代に、ツタンカーメンをはるかにしのぐ功績と名声を残したファラオがいます。67年間王位に君臨し、エジプト史上最高のファラオと称えられるラムセス2世です。

この大ファラオの墓には巨万の富が納められたため、死後間もなく墓荒らしに目を付けられました。そこでかつての配下の者たちは、ほかのファラオの墓を転々としてミイラを隠し続けたといわれています。

ラムセス2世がいかに敬愛されていたかがわかる逸話があります。1881年、発見されたミイラが船でナイル川を移動した際には、両岸で農婦たちが叫びながら船を追いかけ、男たちは弔意を表す銃声を響かせたと伝わっています。

1976年、ミイラが修復のためパリに空輸された際には、荷物ではなく旅客として扱われるよう、職業欄に「ファラオ」と記載されたパスポートがエジプト政府から発行されました。到着したパリの空港では、フランス大統領の儀仗兵による歓迎を受けています。

現在のカイロ市内には、ラムセス2世の名を冠したターミナル駅であるラムセス駅をはじめ、ラムセス広場、ラムセス通りがあります。街中で使われるエジプト・ポンド紙幣にも、ラムセス2世の像が描かれています。カイロを離れ、国内各地の遺跡を訪ねても、高確率でラムセス2世の足跡に出合うでしょう。

ナイル川の定期的な増水と氾濫で、農業に適した肥沃な土地に恵まれたエジプトでは、紀元前3000年ごろ、「生ける神」であるファラオによる統治が始まりました。これはメソポタミアよりも早い統一国家の出現です。

以降、前30年に共和政ローマの支配下に組み込まれるまでの約3000年間は、「古王国（第3～6王朝）」「中王国（第11～12王朝）」「新王国（第18～20王朝）」の3期に分けられます。古王国時代には都がメンフィスに置かれ、盛んにピラミッドが建設されました。中王国時代には都テーベを中心にした集権化が進みますが、アジアから侵入してきた遊牧民ヒクソスによって王権が奪取されます。

第19王朝の系図

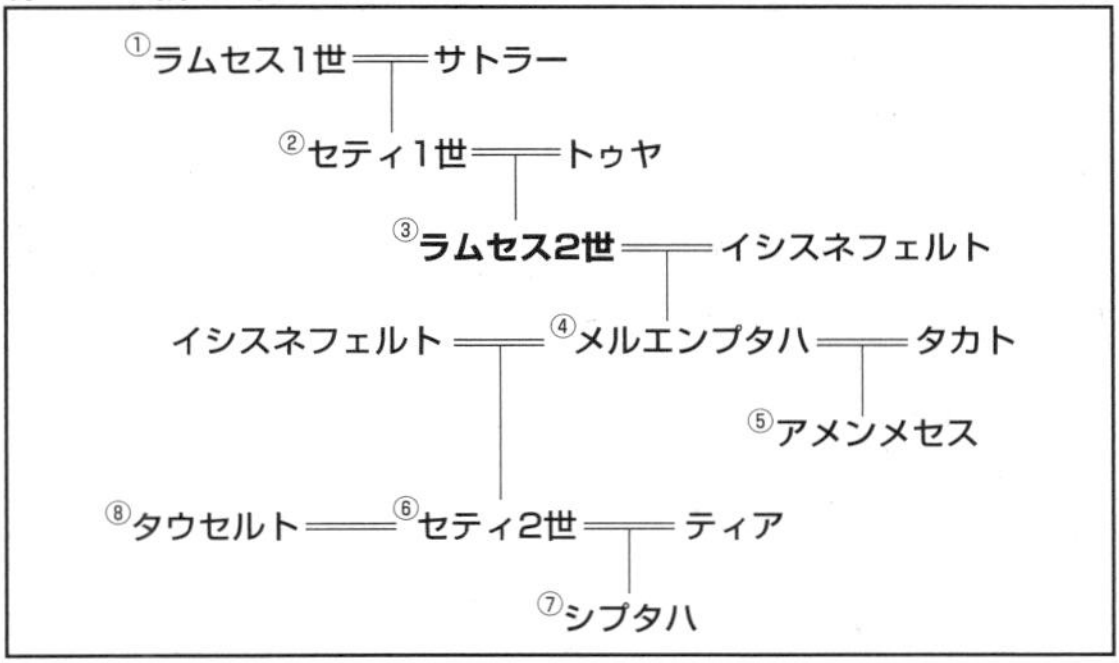

シリアをめぐる戦い

ヒクソスによる屈辱的な支配を経験し、新王国時代のファラオは領土拡大に乗り出します。トトメス3世の時代には最大版図に達しますが、アメンホテプ4世の時代には、それまでの多神教から、太陽神であるアトン神のみを信仰する動きが起こります。

この一神教への変革は「アマルナ革命」と呼ばれています。これによって全国の神殿は荒廃していきました。このころシリアの領土も失います。

アメンホテプ4世の死後、夭折したツタンカーメンやラムセス2世の祖父であるラムセス1世の時代を経て、父のセティ1世が即位します。セティ1世は失った領土を回復し、荒れた神殿を修復・復活させ、アマルナ革命時代の損失を取り戻しました。そして時折、幼い息子を抱いて民衆の前に現れては、「この子をファラオにせよ」と言ったそうです。

祖父の名前を継いだラムセス2世は、祖父を彷彿とさせる武人気質の王子でした。兄は早世しており、幼少期から王位継承者として、父にファラオの職務や国家経営術を教わりました。10歳で軍司令官を務め、10代で父のシリア遠征に同行し、父の建設事業を補助するため石切り場を監督するなど若くして多くを学び、25歳で即位します。

治世はじめ、シリア情勢に動きがありました。シリアはトトメス3世の時代にはエジプト領でした。アメンホテプ4世やツタンカーメンの時代になると、アナトリア半島でヒッタイト王国が勢力を増し、シリアはヒッタイトとエジプトの緩衝地帯として、あるときはヒッタイト側、またあるときはエジプト側につく不安定な立場でした。

ラムセス2世の治世4年の遠征でヒッタイトの属国アムル（現在のシリア西部）がエジプトに寝返り、エジプトはアムルの支配権を獲得しましたが、これがきっかけでムワタリ率いるヒッタイト軍との戦争が始まりました。

この両国間の戦争で特筆すべきは、カデシュの戦いです。治世5年の夏、ラムセス2世はヒッタイト軍との交戦のため、現在のシリアやトルコなどを流れるオロンテス川を渡り、河畔の都市・カデシュ付近で野営していました。ヒッタイト軍のスパイにだまされてエジプト軍は急襲を受けますが、ラムセス2世はわずかな手勢で反撃し、ヒッタイト軍を混乱に陥れます。ラムセス2世が単身同然で敵軍に身を投じ、窮地を救ったこの逸話は、栄光の証として各地の神殿に刻まれました。

両国の対立は15年ほど続きました。たがいに異なる外敵の脅威におびやかされていたことから、ムワタリの跡を継いだハットゥシリ3世が和平を申し入れ、史上最古といわれる講和条約が結ばれます。条約では相互不可侵、相互援助などが定められました。

エジプト考古学者の吉村作治氏は、カデシュの戦いは勝敗ではなく、両国が講和条約を結び、和平をはかったことに注目すべきだと語っています。

ラムセス2世時のエジプト

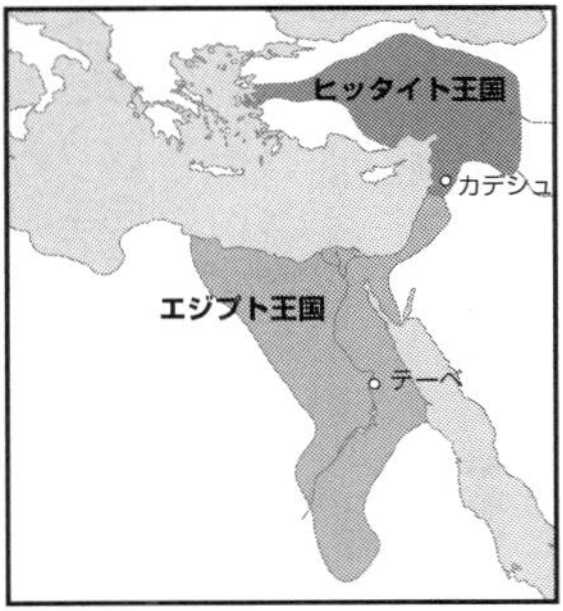

シリアの支配をめぐって、ヒッタイトとの勢力争いが起こっていた。

最愛の妻と100人の子

条約締結後、エジプトとヒッタイトの間では約50年、平和な時が流れます。両王家ではこの間、書簡や贈り物などをやりとりしていましたが、その結びつきをより強めようと、ヒッタイトのハットゥシリ3世は長女をラムセス2世に嫁がせました。

ラムセス2世は輿入れしてきたヒッタイト王女の荷物を見て、「自分は貧しいのでもっと欲しい」とねだってヒッタイト側をあきれさせ、少々揉め事になりましたが、王女は両国の絆としてエジプトに迎えられました。ヒッタイトからはのちに、ハットゥシリ3世の娘がもう一人嫁入りします。

ラムセス2世にはヒッタイト王女のほかにも正妃がおり、8人ほどの妻をめとりました。思春期のころから後宮を持ち、数十人の側室がいたとされています。老年期にはヒッタイトやシリア、バビロニアなどの王家の女性も加わり、後宮は国際色豊かでした。正妃や側室との間に100人以上の子どもに恵まれ、神殿のレリーフには伝統を無視し、身分の区別なく妻や子どもたちの姿を描かせました。

数多くの妃の中でも最も寵愛されたのは、第1王妃であるネフェルトイリです。ネフェルトイリの肖像はラムセス2世が建てた建造物の至るところで見られ、世界遺産アブ・シンベル神殿には、ラムセス2世と同じ大きさで並ぶ像もつくられました。王妃が50歳ほどで亡くなると、ラムセス2世はファラオの妻らが埋葬される「王妃の谷」に墓をつくります。現在も美しい色彩の壁画が残っています。

ラムセス2世は多くの子どもを残しただけでなく、当時としては長命でした。その一方で、後継者に指名していた10人ほどの子どもたちの死を経験しています。

数多の神殿を残した「建築王」

ラムセス2世の治世は、二つの時期に大別できます。ヒッタイトとの条約締結までの戦争期と、もう一つは死去するまでの建築期です。数多くの建築を手掛けたため、「建築王」とも呼ばれています。

建築物の中でとりわけ名高いのは、スーダンとの国境近くに位置する世界遺産「アブ・シンベル神殿」です。この地域はヌビアと呼ばれ、金や象牙などを多く産出したことから重要視され、ラムセス2世は7つの神殿をつくりました。その中で、突出して有名になったのがアブ・シンベル神殿です。

神殿の正面には、高さ約20メートルのラムセス2世座像が4体鎮座しています。中に入るとラムセス2世像が左右に並ぶ大列柱室が広がり、壁面にはカデシュの戦いなどの場面を描いたレリーフが刻まれています。最奥の部屋である至聖所にはラムセス2世のほか、3柱の神像が立ち、毎年春分の日と秋分の日に朝日が射し込むよう設計されていました。この場所にはファラオの業績を称え、エジプトの守護神を祀るとともに、ナイル川の増水を祈願する目的もありました。

アブ・シンベル神殿は、19世紀、砂に埋もれているのを発見されました。20世紀半ばにアスワン・ハイ・ダムの建設で水没の危機にさらされたため、ユネスコ（国連教育科学文化機関）による救済活動が行われました。解体された神殿はより高い土地に移築され、現在は世界的な観光地となっています。この活動が、歴史的な建築物などを後世に残そうとする「世界遺産」が創設されるきっかけになりました。

ラムセス2世の名前に由来するラメセウムの建設も注目すべき事業です。中王国時代から栄えた都市テーベの西岸に立ち、ラムセス2世葬祭殿の別名を持つこの場所は、ファラオの功績などを記念する葬祭殿としての役割がありました。今日の大学にあたる施設も備わり、神学生が研究に励み、医師や書記などが職業訓練を受けたほか、百科事典を編纂する者もおり、知的活動の中心地でした。農地やワイン産地の中央管理局としての一面も持ち、領地の帳簿が収められ、ブドウ園も所有していました。

アブ・シンベル神殿

ほかにも、ラムセス2世は新王国時代のファラオが増築を重ねてきたカルナック神殿、ルクソール神殿にさらに手を加え、父セティ1世が着工していた葬祭殿を完成させ、その付近にみずからの神殿も建てました。ラムセス2世は自分が建てた建築物に署名をしたのはもちろんのこと、ほかのファラオが建てた建築物も自分の名前に書き換えさせています。

巨大建築に込められた意味とは

壮大で威厳に満ちた巨大建造物は、以降のエジプト神殿様式の模範となるほどの影響を及ぼしました。この大事業の裏では、当時エジプトに移住していたユダヤ人が重労働を課せられていました。旧約聖書の「出エジプト記」には、苦しむユダヤ人が預言者モーセに導かれてエジプトを脱出したできごとが描かれています。出エジプト記に登場するファラオは、一説にはラムセス2世だともされています。

それでは、ファラオが巨大建築に注力したのはなぜでしょうか。建築物の圧倒的な存在感から、人を超越した生ける神としてのファラオを称えるためという目的は容易に想像できます。「王は神なり」という思想はラムセス2世時代に強化され、ファラオ自身とその像が生前から礼拝の対象となり、権力を誇示しました。

神殿の建設などを重視した背景には、民の生活のためという考えもあったようです。もともとエジプトの祭事には、ファラオが奉納儀式などで神々と交流し、その行為の返礼に、神々から国に勝利や繁栄がもたらされるという考えがありました。ラムセス２世は毎日の祭儀で神像の清掃や供物の準備などを行い、神々に満足してもらい、民が安寧に暮らせるよう努めていました。

紀元前１２１２年ごろ、ラムセス２世は死去します。その遺体は、70日かけてミイラにされました。鉤鼻《かぎばな》が特徴的なミイラは現在、エジプト考古学博物館で見られます。包帯を巻かれたミイラの鼻は通常、平らになりがちですが、ラムセス２世の場合はミイラ職人が干した胡椒の実をたくさん鼻に詰めたため、現在まで形を保っています。

ラムセス２世の死後は、13番目の王子が王位を継ぎました。それ以後もラムセス11世まで「ラムセス」の名を継いだファラオが即位します。いずれのファラオも在位期間は短く、飢饉や外敵の脅威、官僚の不正など、国内は問題に満ちていました。衰退を続けるエジプトは、前７世紀には勢力を巻き返したアッシリアに、前６世紀半ばには東方から侵出してきたアケメネス朝ペルシアに支配されます。

後世のエジプト王朝は、領土の広さをはじめ、建造物の規模、治世中の繁栄ぶりのいずれにおいても、ラムセス２世の時代には及びませんでした。

ラムセス２世は、古代エジプト最後の絶頂期を華々しくつくり出したファラオだからこそ、現代においても敬愛されているのです。

ダレイオス1世

中央集権と寛容の文化

ラムセス2世亡きあとエジプトを支配したのは、ハンムラビ王の時代からメソポタミアで国家を存続させていたアッシリアであったが、前7世紀前半にオリエントを統一後、瞬く間に崩壊してしまう。

アケメネス朝ペルシアのダレイオス1世は、アッシリアを範として中央集権制を整え、大帝国を整然と統治した。短命だったアッシリアから、ダレイオス1世はどのような教訓を得たのか。この制度は、のちの大帝国にいかなる影響を与えたのか。

〔生没〕不詳
〔在位〕紀元前522年～紀元前486年

アケメネス朝ペルシア

「建国の父」の偉業と威光

紀元前6世紀、現在のイランにあたる地域に興ったアケメネス朝ペルシアは、現代のイラン人から「建国の父」と慕われる大王キュロス2世から始まります。ペルシアは、古くはギリシア人から「パールサ」と呼ばれたことに由来する地域で、前6世紀半ばまでメディア王国の支配下にありました。

なお、「ペルシア」が現在のイランに相当する地域を西洋視点から呼んだ名であるのに対して、現在の国名「イラン」はイラン人自身の呼び名です。もともと、現在のウズベキスタンやアフガニスタンなどを流れるアム川以西を、文明世界を意味する「イーラーン」とイラン人が自称していたことから、20世紀のナショナリズムの高まりを受けて、1935年に「ペルシア」から「イラン」へと改称します。

メディア王の孫、ペルシア領主の子として生まれたキュロス2世は、父の跡を継いでペルシア王となり、反メディア軍を起こします。前550年にはメディアを滅ぼし、現在のトルコ西部に存在したメディアの同盟国リディアや、新バビロニアなどを次々と攻略します。

帝国の礎を築いたキュロス2世の活躍は、軍事だけにとどまりません。新バビロニアを滅ぼすと、バビロン捕囚で苦しむユダヤ人を解放し、旧約聖書では「救世主」と称えられています。

ちなみに、16世紀には政治思想家マキャベリの著作『君主論』において優れた君主として描かれるなど、時代を超えて評価されるほどの名君でした。

キュロス2世の子で2代王のカンビュセス2世がエジプトも領土に組み込み、アケメネス朝ペルシアはついにオリエントを統一します。

崖に刻まれた後継者争いの疑惑

ダレイオスは高官の子に生まれ、キュロス2世の側近となりました。カンビュセス2世の死後、王の弟になりすましたガウマタという祭司が、みずからをキュロス2世の嫡子だと主張して実権を握りますが、ダレイオスを含む7人の貴族がガウマタを殺害します。混乱を収めた7人の中から、ダレイオスが3代王として即位しました。すると、帝国各地で王を自称する者が数多く現れ、反乱を起こします。ダレイオス1世は19回に及ぶ戦いでこの偽王らを打ち負かし、王権を確立させていきました。

この後継者争いの様子は、ギリシアの歴史家ヘロドトスの『歴史』と、ダレイオス1世が刻ませた「ベヒストゥーン碑文」によって伝わっています。

ベヒストゥーン碑文は、現在のイラン西部にそびえる山の崖に彫られた磨崖碑《まがいひ》で、偽王に対する戦勝記念につくられました。ガウマタを踏みつけるダレイオス1世と、その前に引きずり出されている、反乱を起こした9人の偽王の姿が描かれています。図像の周囲には古代ペルシア語、アッカド語、エラム語の3言語で反乱鎮圧などの王の事績も刻まれ、王位の正統性がアピールされました。

ガウマタが実在したかは疑わしく、本当にカンビュセス2世の弟だったなど諸説あります。最近ではダレイオス1世自身が王位簒奪者であり、それを正当化するためにガウマタ

ベヒストゥーン碑文

の逸話がつくられたとする説が有力です。ダレイオス1世には王家の血筋である証拠はありませんでしたが、キュロス2世の娘と結婚することで、ようやく偉大な先々代王との関係ができ、「王統の、アケメネス家一門の者」と名乗れるようになりました。

中央集権体制の確立で帝国統一

後継者争いに終止符を打ったダレイオス1世は、現在のカザフスタンなどにあたる中央アジアで起こった遊牧民サカ人の反乱を鎮めます。そのままインダス渓谷に派兵し、小アジアやエジプトなどの反乱も鎮圧しました。

黒海北部では騎馬遊牧民のスキタイ人との戦いに苦戦しますが、この遠征がギリシア進出の足がかりとなり、小アジア沿岸の島々も領土に組み込みました。そして、インダス川流域からエーゲ海、中央アジアからペルシア湾に広がる領土を勝ち取ります。

ダレイオス1世の治世において特筆すべき点は、中央集権体制を確立することで、キュロス2世が土台をつくった帝国を完成させたことです。

帝国を約20の州に分け、各州の長官「サトラップ」に徴税の義務を負わせました。

アケメネス朝ペルシアの領土

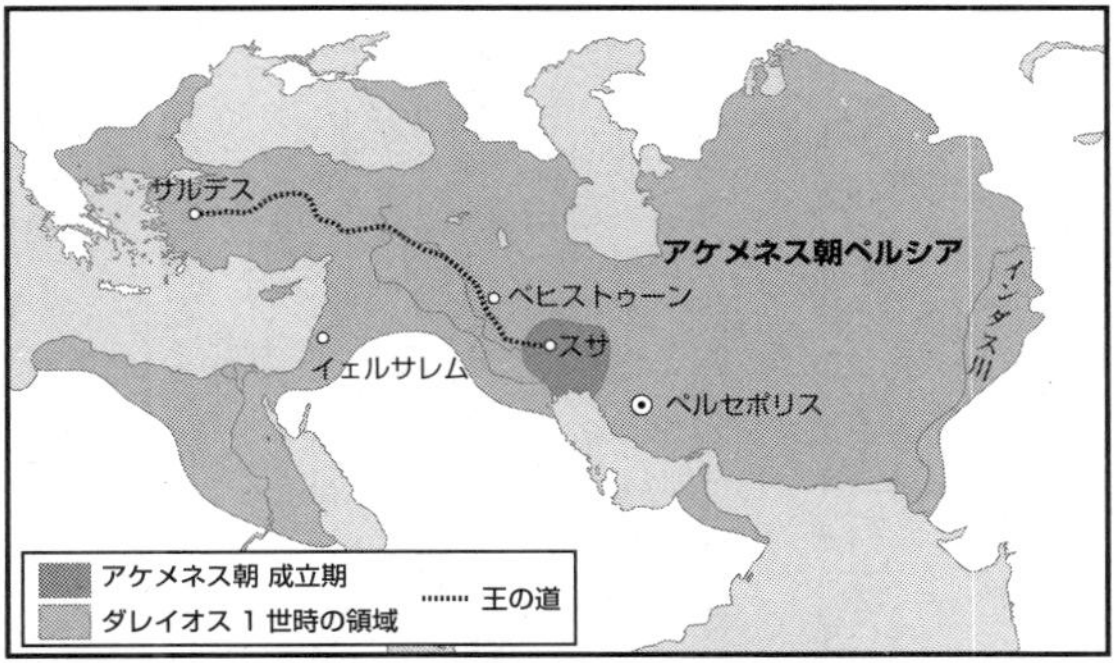

数代で東西に拡大した領土を統治するために道路網を敷くなど、領内の整備にダレイオス1世は力を注いだ。

サトラップによる統治は、現地の伝統や文化に基づいて自由に行われましたが、「王の目」「王の耳」と呼ばれる王直属の監察官が各州を巡察し、サトラップの動向や州の様子などを王に報告していました。

帝国内では迅速に情報伝達を行うため、「王の道」と呼ばれる、行政上の都であるスサから小アジア西部の都市サルデスまでをつなぐ約2500キロメートルの幹線道路が整備されました。道中に111カ所の宿駅が置かれ、馬や人間がリレー方式で駅間を移動する駅伝制が敷かれます。この長大な道は通信や軍隊の移動、国内の治安維持などに大いに役立ちました。

ダレイオス1世は帝国に貨幣経済も導入

しました。中東の交易では鋳貨ではなく、銀を用いて決済していましたが、帝国通貨として金銀貨を発行します。ダレイオス1世の姿が彫られた金貨は、王のイメージを帝国各地に広めるよい手段でした。

こうした一連の施策によりダレイオス1世は中央集権体制を機能させ、多民族を内包する広大な版図に州制度や情報伝達網などを張りめぐらし、同一の国家体制のもとにまとめあげました。中央集権を成し遂げた諸制度のうち、州制度はアッシリアから、王の道や宿駅などはウル第3王朝から継承したアイデアでした。つまり、支配地域の伝統を自国に適用したということです。

アケメネス朝ペルシア滅亡後も、州制度はのちにローマ帝国の属州制へ、王の道は同じくローマ帝国内の長距離道路網へと引き継がれていきました。

寛容の文化で国を治める

ところで、アッシリアはアケメネス朝ペルシアよりも早く州制度を導入していたのに、中央集権国家は結局実現できませんでした。アッシリアとアケメネス朝ペルシアの違いは何だったのでしょうか。その答えは、ヘロドトスが『歴史』で語っています。「世界中でペルシア人ほど外国の風習を取り入れる民族はない」

アッシリアが強制移住などの圧政を敷く強圧的な王国だったのに対し、ペルシアは帝国各地の文化や宗教などの違いに寛容でした。ダレイオス1世も、異なる文化が併存する帝国を円滑に統治するために、諸地域の文化を受容しています。

帝国の言語としてペルシア語を強要せず、各地の日常言語に干渉しませんでした。一方、交易の場には、帝国内での商業活動が盛んだったアラム人の言語であるアラム語を公用語として採用します。結果として、異民族同士でのスムーズな情報伝達や文化交流が行われました。

アケメネス朝の領土に組み込まれていたエジプトでは、現地の賢人らにエジプト古来の法律をまとめた報告書を作成させ、報告書にはエジプト語とアラム語が併記されました。自国の言語だけでなく、法律も押しつけようとはしなかったということでしょう。先代ファラオたちの事業を引き継ぎ、神殿の修復・建造にも着手しています。

ユダヤ人の保護にも取り組みます。キュロス2世は解放したユダヤ人に対し、イェルサレムでの神殿再建を許可していたものの、経済的事情などで工事は滞っていました。ダレイオス1世はユダヤ人に神殿造営のための銀と資材を授け、彼らとその活動を保護します。

圧政が各民族の反発を招き、やがて崩壊したアッシリアとの違いは、こうした懐柔政策で多くの民族の協力をとりつけたことでした。この統治政策はのちに、アレクサンドロス大王の帝国にも継承されています。

現代に残るアケメネス朝の足跡

古代ペルシア語を現代に伝える役割を担ったのもダレイオス1世です。服属民に強制しなかったペルシア語は、公式文書や碑文においてのみ使われました。ダレイオス1世は先述したベヒストゥーン碑文のほか、王宮が築かれたペルセポリス、自身の墓所の碑文に大量のペルシア語を使用したため、最大級の古代ペルシア語史料が現代に残りました。

なお、ペルセポリスはダレイオス1世が造営を始め、数世代かけてつくられた首都です。帝国全土から職人を召集して荘厳な宮殿も築かれました。ここでは新年の儀式や諸民族による王への謁見、豪華絢爛な宴会などが行われました。のちにアレクサンドロス大王により宮殿は焼かれて廃墟となりますが、宮殿跡は世界遺産に登録されています。

ダレイオス1世は治世後半、スキタイ遠征に失敗します。これがペルシア支配下にあった小アジア沿岸ギリシア諸都市の反乱につながり、ペルシア戦争のきっかけとなります。マラソン競技の由来となったマラトンの戦いは、このころ、ダレイオス1世の命で派兵されたペルシア軍が撃破された戦いです。そこでダレイオス1世みずから遠征に赴こうとしましたが、急死したため、ダレイオス1世とキュロス2世の娘との間に生まれた息子のクセルクセス1世が戦争を引き継ぎます。

このクセルクセス1世がアテナイのアクロポリスに火を放ったことが、のちにアレクサンドロス大王がペルシアを滅ぼす火種となります。

ダレイオス1世は次々と領土を広げ、広範な地域を大帝国として統制しました。征服地域より引き継いだ諸政策は、ダレイオス1世が死してもなお、アレクサンドロス大王の帝国やローマ帝国の土台となり、人類の営みを支え続けました。

アレクサンドロス大王

父から受け継ぎ、父を超えたかった英雄

古代ギリシア北方に位置したマケドニア王国は、ペルシア戦争のころから徐々に勢力を増し、フィリッポス2世のもとで古代ギリシアを征服する。その子・アレクサンドロスは父の遺志を継ぎ、当時考えられていたほぼ全世界を手にするという偉業を成し遂げ、「大王」と称えられている。

東方遠征によって拡大を続けた大王の帝国は、のちの世界に絶大な影響を与えた。あの古代エジプト女王クレオパトラも、大王の存在なくして生まれなかっただろう。

〔生没〕紀元前356年〜紀元前323年
〔在位〕紀元前336年〜紀元前323年

マケドニア王国

父とともにギリシアを征服

アレクサンドロス大王はギリシア人でしたが、古代ギリシアの都市国家ポリスの生まれではありません。アテナイやスパルタといった地域の北方で、ポリスをつくらずに暮らしていたギリシア人の国であるマケドニア王国の生まれです。

マケドニア王国は、現在のギリシア、マケドニア、ブルガリア、アルバニアにまたがる地域に位置していました。前6世紀末にはアケメネス朝ペルシアに臣従していましたが、ペルシア戦争でのギリシアの勝利をきっかけに、ギリシア世界との関わりを深めました。この小国はポリス社会が衰退を始めた前4世紀に勢いをつけ、アレクサンドロス大王の父であるフィリッポス2世のもとでギリシア各地を征服します。

少年期をギリシア中部のポリスの一つ、テーベで人質として過ごしたフィリッポス（フィリッポス2世）は、ギリシアの戦法や文化を学び、23歳で即位します。

フィリッポス2世はマケドニアの戦力を高め、ギリシア各地を破竹の勢いで占領していきます。そのあまりの勢いにアテナイでは反フィリッポスの気運が高まりましたが、フィリッポス2世がアテナイ・テーベ連合軍を破ったカイロネイアの戦いを経て、ギリシア世界のほとんどが、この新興国に制圧されます。

フィリッポス2世はスパルタ以外の全ポリスが集結したコリントス同盟の会議において、ギリシアの主導権と、ペルシア報復の宣戦決議を勝ち取ります。ペルシアに侵攻されて以来、ギリシアにはつねに報復を目論む勢力が存在していました。そこで、全ギリシアの同盟を成立させるため、共通の敵であるペルシアを討伐するという目標が掲げられました。

ところが、フィリッポス2世は側近に暗殺され、ペルシア征伐は息子のアレクサンドロスに託されます。

アリストテレスが家庭教師に

アレクサンドロスは、王位争いに悩まされずに育ちました。父のように人質になることもなく、父が招いた家庭教師に学びました。その一人がギリシアの哲学者アリストテレスです。アレクサンドロス自身、「生きていることは父のおかげだが、よく生きるようになったのはアリストテレスのおかげである」と語るなど、13歳からの3年間、年の近い貴族の子弟らとともにギリシア的教養を身につけました。

将来を期待された少年には、その資質を表す数多くの逸話が残されています。暴れ馬だったブケファラスはアレクサンドロスに手なずけられ、数年後、遠征に同行する相棒となりました。次々ともたらされる父フィリッポス2世の戦勝の報せも快く思わず、同年代の友人たちに「父上はなんでも先に取ってしまわれて、僕が君たちとしようと思う大仕事は、何も残してくださらない」と愚痴をこぼしたそうです。

父フィリッポス2世を超えたいという思いが、東方遠征などの原動力となったという説もあります。

性格的には空想にふける傾向があるロマンチストで、ギリシアの叙事詩に登場する英雄アキレウスにあこがれていたといわれています。次期国王としての自覚と野心を秘めた少年は、16歳で摂政となって国事を預かり、カイロネイアの戦いにも参戦しています。そして20歳にして、父の跡を継いでアレクサンドロス3世として即位します。

マケドニア征服下の諸民族は新王を若輩と見くびり、認めようとはしませんでした。アレクサンドロス3世は2年を費やして各地の反乱を鎮め、ギリシア全土を制圧しました。このとき活躍したのがマケドニア軍です。アレクサンドロス３世は蜂起のたびに現地へ迅速に駆けつけました。この機動力こそ、マケドニア軍の特長です。

ギリシア軍では、兵士一人につき召使い一人が追従していました。ペルシア軍に至っては、王とその家族など大規模な供まわり、華やかに飾られた荷車、荷車を引く多くの家畜もおり、その家畜が食べる大量の飼料も運ぶ大所帯でした。過剰な人員と荷物は行軍のスピードを遅らせるうえ、マケドニア周辺は山が多く、荷車での移動には向かず、軽量な部隊にする必要もありました。

そこでマケドニア軍は、荷車と女性同伴を禁止し、兵士には自身の荷物を自分で運ばせ、従者の数も制限します。非戦闘員と不要な荷物を減らした結果、機動力に富んだ軍隊が生まれました。兵士たちは、戦闘前に武器や荷物を持って約50キロメートルを走破するなど、過酷な訓練で鍛え抜かれた屈強な職業兵士でした。ギリシアを屈服させたアレクサンドロス３世は、この優れた軍にギリシア兵を加え、父の遺志を受け継いで東方遠征に出発します。

ところでこの軍隊は、アレクサンドロス３世ではなく、フィリッポス２世が形づくりました。遠征を助けた臣下や友人にも、父を媒介につながりを持った人物が多くいます。空前の大遠征は、父の存在があってこそ為し得たといってよいでしょう。

宿敵ペルシアとの戦い

前334年春に始まった東方遠征では、まずアケメネス朝ペルシアのダレイオス3世との二度にわたる戦いがくり広げられます。

小アジアに渡って間もなく、グラニコス川を挟んでペルシア軍との戦闘が勃発します。胸に槍を受けながらも敵軍を敗走させたアレクサンドロス3世は、小アジア沿岸の諸都市を次々と制圧していきます。内陸部の都市ゴルディオンを経て、地中海東岸北端のイッソスに達すると、ダレイオス3世本隊と対決します。

劣勢に立たされたダレイオス3世は母や妻、子どもたちを置き去りにして逃亡しますが、アレクサンドロス3世はこの家族らを身分相応に丁重に扱ったそうです。

地中海東岸を南下したマケドニア軍は、エジプトでペルシアからの解放者として歓迎を受けます。ここでファラオとして戴冠し、ナイルデルタの西に自身の名を冠したギリシア風の都市アレクサンドリアの建設を構想します。

東地中海を掌握したアレクサンドロス3世は、地中海東岸を北上し、メソポタミアへ進軍します。ティグリス川中流のガウガメラでダレイオス3世と再戦しますが、敵王はまたしても敗走しました（ガウガメラの戦い）。

軍は実質的に父からの〝お下がり〟でしたが、数々の戦いで勝利を収めたのは、アレクサンドロス3世自身の天才的な指揮が影響しています。戦場の地形と敵軍の布陣に応じて効果的な戦術を編み出し、受け身なペルシア軍には必ず先手を取り、敵将目がけて素早く果敢に突入しました。味方を危険にさらしがちという欠点もありましたが、戦いのたびに戦術を発展させた若き指揮官の存在が、勝利を導きました。

大陸の内奥へと進んだマケドニア軍は、古都バビロンにおいてもペルシアからの解放者として迎えられます。アケメネス朝ペルシアの王都であるペルセポリスの宮殿を焼き払い、ダレイオス3世を追ってさらに内地へ進みました。遭遇したとき、ダレイオス3世は側近に裏切られ、瀕死の状態でした。ダレイオス3世はアレクサンドロス3世の腕の中で息を引き取り、アケメネス朝ペルシアは終焉を迎えました。

ペルセポリスを占領したアレクサンドロス3世ですが、ペルシアの儀礼や慣行などは尊重して領内に残します。アケメネス朝の行政機構を引き継ぎ、征服地には当初こ

アレクサンドロス3世の東方遠征

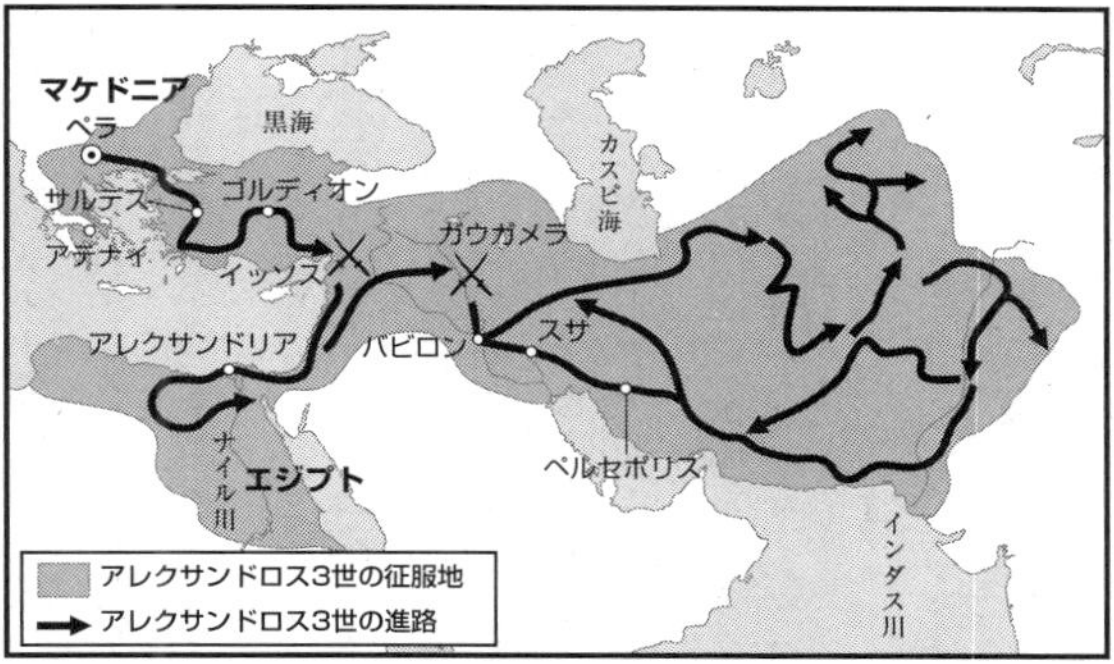

マケドニアを発ったアレクサンドロス3世は、わずか10年あまりで、全盛期のアケメネス朝ペルシアに匹敵する領土を獲得した。

そマケドニア人の総督を任命していましたが、バビロン入城後、ペルシア人も積極的に登用しました。ペルシアの宮廷儀礼や衣装も取り入れます。

スサでは約80人のマケドニア人側近とペルシア貴族の女性たちとの集団結婚式を挙行し、自身もアケメネス朝の王女をめとります。政治を安定させるため、マケドニアとペルシアの融和をはかるという目的がありました。

打倒ペルシアという大義名分が果たされてもアレクサンドロス3世の野望はついえず、インダス川を渡ってインドへと向かいます。しかし、愛馬を失い、疲弊した兵から行軍を拒否されたため帰還することとなりました。前323年、アレクサンドロス3世はバビロンで急死します。32歳でした。

当時認識されていたほぼ全世界を瞬く間に手にしたアレクサンドロス3世は、自身の生涯も瞬く間に駆け抜けていったのです。

伝記作家が伝える大王の素顔

遠征を助けた同行者の中には伝記作家が多くいました。少年期にアリストテレスのもとでともに学んだプトレマイオスもその一人です。彼らが伝記を残したことで、遠征中のアレクサンドロス3世の様子は今日まで伝わっています。

アレクサンドロス3世はたびたび、兵士を鼓舞し、みずからを高めるために、自身を英雄視させるパフォーマンスを行いました。小アジア内陸の古都ゴルディオンでは、「結び目を解いた者がアジアの王になる」という伝説がある荷車の堅固な紐を剣で一刀両断します。この「ゴルディオンの結び目」と呼ばれる逸話は、「難問を一気に解決する」という意味で現在にも残っています。

遠征が進むにつれ、アレクサンドロス3世の自意識は英雄から神へと変わります。

エジプトでは、現在のリビア国境に近いシウァ・オアシスの神託所で、自身が神の子だという託宣を得たことを発表しました。死ぬ1年前には、ギリシア諸国に自身の神格化を求めたといわれています。

その人間性にまつわる逸話も残っています。アリストテレスに学んだ経験から、アレクサンドロス3世は生涯読書をいとわず、アリストテレスが校訂した本をつねに短剣とともに枕の下に置いていたといわれています。文化や自然科学への関心も強く、遠征に学者を同行させて各地の風土や動植物の研究を奨励するほどでした。

ガウガメラの戦いでは配下の将軍に夜襲を勧められましたが、白昼に正々堂々戦うことを宣言しています。遠征中は食事が不公平に分配されないよう目を光らせ、暇な時間には訓練や狩りなどを行いました。バビロン入城後は贅沢三昧になった側近たちに「安楽な生活は奴隷にふさわしく、厳しい生活こそ王者にふさわしい」と忠告するなど、質実剛健な生活ぶりがうかがえます。

そんなストイックな日々から一転、遠征後半には華美な生活を見せつけてアジア諸民族を屈服させようとします。神や英雄のように扱われたアレクサンドロス3世も、矛盾と不完全性を持つ一人の人間だったといえるでしょう。

文化の融合をもたらす

アレクサンドロス3世が急死したのち、王位継承はうまくいかず、王家は断絶します。間もなくマケドニア将軍たちは実権を握ろうと、後継者争いをくり広げ、広大な領土は前4世紀末にプトレマイオス朝エジプト、セレウコス朝シリア、アンティゴノス朝マケドニアなどの諸国に分裂します。

前323年のアレクサンドロス3世の死から、前30年にプトレマイオスの末裔であるエジプト女王クレオパトラが自害し、プトレマイオス朝が滅亡するまでの時代を、19世紀ドイツの歴史家ドロイゼンは「ヘレニズム」と称します。ヘレニズムとは、「ギリシア的な文化・思想」を意味します。

今もエジプト屈指の都市であるアレクサンドリアは、プトレマイオス朝の首都であり、ヘレニズムの中心地でした。アレクサンドロスの死後に完成したこの街は、プトレマイオスとその子孫が発展させ、ローマ時代には100万人が暮らしました。交易の中心地となっただけでなく、「ミュージアム」の語源となった研究施設であるムセイオンや、図書館、天文台なども並んでいました。プトレマイオスはこの地にアレクサンドロスの墓を設けたと伝わっていますが、その遺構は発見されていません。

アレクサンドリアという都市はエジプト以外にもアジア各地に建てられ、各都市にギリシア人が入植し、ギリシア文化を普及させました。商人など人々の往来も盛んになり、東西文化は混じり合い、広大な帝国内ではコイネーと呼ばれるギリシア語が共通語として普及しました。コイネーは新約聖書の原典に使われ、ヘブライ語の旧約聖書もコイネーに翻訳されるなど、世界的な宗教にも多大な影響を及ぼしています。アレクサンドロス大王はイスラーム世界においては、コーランに登場する英雄と同一視されました。また、世界征服者の原型として理想視されたとされています。

ヨーロッパからアジアに至る広大な地を制覇したことは、大王の名にふさわしい偉業です。当初の目的は「ペルシアへの報復」でしたが、大帝国を築き上げた結果、ギリシア文化がアジアに伝わります。たとえばギリシアの彫刻は仏教圏に大きな影響を与え、インドでは仏像がつくられるようになりました。

もし、グラニコスの戦いでペルシア兵の槍がアレクサンドロスの心臓に達していたら、現在の世界は全く異なる姿になっていたでしょう。

始皇帝

永遠を願ったファーストエンペラー

群雄が割拠する春秋戦国時代に終止符を打った秦の嬴《えい》政《せい》。もともと秦は、中原の諸国からみれば僻地の小国にすぎなかったが、法治主義のもとで国力を高め、中国の統一を成し遂げる。

嬴政は始皇帝を名乗り、数々の革新的な政策で国内を一つにまとめていくが、秦王朝はわずか15年という短期間で終焉を迎えた。偉大な〝ファーストエンペラー〟は後世の中国王朝に何を遺したのだろうか。

〔生没〕紀元前259年～紀元前210年
〔在位〕紀元前221年～紀元前210年（始皇帝として）

秦

黄河流域で発生した中国文明

今から2000年以上前に中国大陸の支配者だった秦の始皇帝は、その名が示すとおり、中国史上初めて「皇帝」を名乗った人物です。一説に「China」の語源は「秦」であるとされているのは、古代ヨーロッパでは、秦こそが中国の始まりと認識されていたからなのかもしれません。

中国の歴史は今から5000年以上前、黄河流域で興った黄河文明より始まったとされています。紀元前1900〜紀元前1600年に栄えた「夏《か》」が文献に登場する最初の王朝です。

1950年代には河南省偃師《えんし》市で宮殿を含む大規模な集落群が出土します。この二里頭《にりとう》遺跡からは青銅器や卜骨《ぼっこつ》（占いで用いる獣骨）なども発掘され、卜骨には文字らしき記号が記されていましたが、文字と認められるまでには至っていません。後世に成立した文献の記述と二里頭を含む周辺の遺跡の状況が一致していることから、夏が実在したことは確実視されていますが、現時点で二里頭遺跡が夏のものであることは証明されていません。

考古学と歴史学の両面から存在が認められた最初の中国王朝は、夏に次いで成立した「殷《いん》（商）」です。河南省安陽市《あんようし》で発見された殷墟は殷代後期の遺跡とされ、大量の人骨をともなう巨大な墳墓が見つかりました。出土した亀甲や獣骨には明確に文字（甲骨文字）が刻まれており、これが現在の漢字のルーツとなっています。

殷は紀元前1046年に西方の「周」の君主であった姫発《きはつ》（武王）に倒され、黄河流域には周王朝が成立しました。前770年には都が鎬京《こうけい》（のちの長安）から洛邑《らくゆう》（のちの洛陽）に移されます。今日では遷都以前を「西周」、遷都から滅亡までを「東周」と呼び、さらに東周時代は「春秋時代」と「戦国時代」に分かれます。ただし、この二つは区分が明確ではなく、ひとくくりに「春秋戦国時代」と呼ぶのが一般的です。

なぜ強国に成長したのか

殷の滅亡後、周は東へと勢力を広げるなかで、各地の有力者を支配下に加えていきました。有力者は周王に貢ぎ物を献上し、有事の際には軍勢を派遣することで、土地

戦国時代の中国の情勢

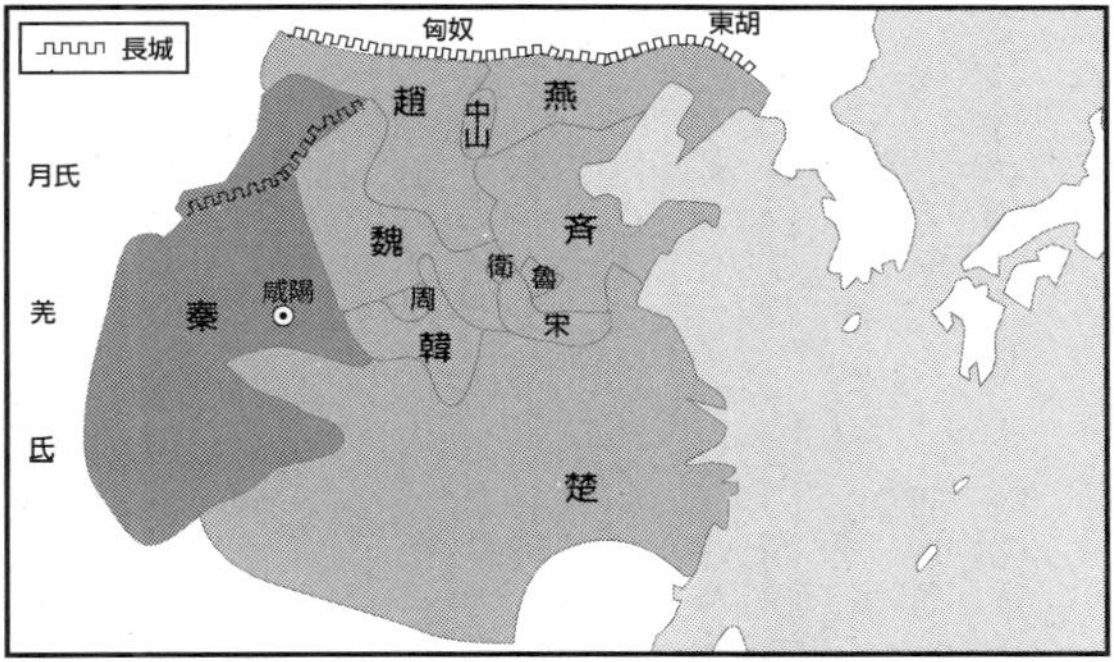

戦国七雄に加えて周やいくつかの小国も存在したが、徐々に淘汰されていき、最後まで残った斉を滅ぼした秦が中国統一を果たした。

と人民を支配する権利が与えられます。やがて治める土地の広さによって公・侯・伯・子・男の爵位が与えられるようになり、その身分は世襲によって受け継がれました。周代の中国は、こうした王と諸侯（君主）の封建制が成り立っていました。

ところが、春秋時代に入ると周王の権威が失墜し、各地の君主が相争うようになります。活躍した時期は異なりますが、とくに有力だった5人の君主は「春秋五覇」と呼ばれ、秦の穆《ぼく》公はその一人とされることもあります。諸国は分裂と併呑をくり返し、戦国時代には秦・楚・斉・燕・趙・魏・韓という「戦国七雄」が割拠します。

細々と命脈をつないでいた東周は前

256年、秦によって滅ぼされました。

秦の起源は、現在の陝西省《せんせい》にあった小国です。前900年ごろ、馬の繁殖で功を成した非子《ひし》という人物が周の孝王から賜《たまわ》ったのが秦の土地であり、非子の子孫は秦の君主となりました。なお、非子は孝王から嬴《えい》の姓も賜っており、始皇帝も本名は嬴政《えいせい》といいます。

秦が強国となった背景には「法家《ほうか》」の登用があります。法家とは国を統治する際に法を重んじる学問派閥のことです。春秋時代末期は孔子によって生み出された、礼を尊ぶ儒家も増えつつあり、法家が提唱する法治主義と儒家が理想とする徳治主義は少なからず相容れない部分がありましたが、25代目の君主である孝公は旧態依然とした諸制度を刷新すべく、法治主義を国家の土台として取り入れました。

孝公に登用された法家の商鞅《しょうおう》は「変法」と称される大改革を断行します。旧来の貴族層が持つ既得権益を廃し、実力主義によって家臣に爵位や土地を与えました。また統一後の秦で導入される郡県制や秤・枡・計量単位など度量衡の統一も、この時点ですでに行われており、当時の秦は始皇帝が目指した国家の雛形とみることができるでしょう。

これら諸改革の結果、秦は昭襄王《しょうじょう》（孝公の孫、始皇帝の曾祖父）のころに戦国七雄の最強国となり、他国はたがいに連携しないと対抗できないほどでした。

王朝の正統性を重視

のちに皇帝となる政は、王城でぬくぬくと育ったわけではありません。父親である子楚《しそ》の王位継承の可能性が低かったため、幼少期は趙の都で人質生活を送っていました。ところが、大商人だった呂不韋《りょふい》の工作によって子楚が秦の王太子になり、政も一躍、秦の後継者に躍り出ます。

その後、子楚は荘襄王《そうじょう》として即位しますが、3年で病死します。前247年に政は秦王となりました。ただし、当時はまだ10代前半であったため、政治の実権は丞相《じょうしょう》（宰相に

秦王の系図

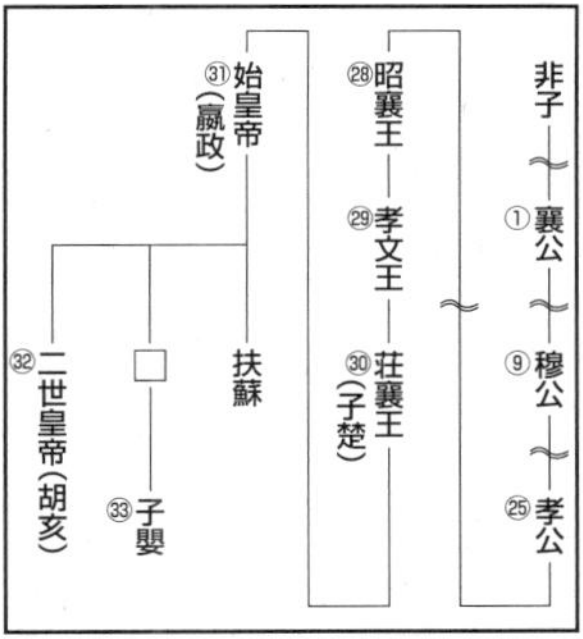

相当）となっていた呂不韋が握っていました。

成長するにつれて親政への欲求が強くなっていった政は、やがて呂不韋を追放し、名実ともに秦の実権を握ります。その後は、燕の王太子が送り込んだ刺客に暗殺されそうになる危機を乗り越え、強力な軍事力を背景に他国を相次いで滅ぼし、前221年に中国統一を成し遂げました。

統一王朝の主となった政が最初に手掛けたのは、みずからの称号を変えることでした。戦国時代末期は戦国七雄の君主がそれぞれ王を名乗っており、自分はそれより高位であると天下に知らしめる必要があったためです。

家臣への諮問を重ねたすえに政が新たにつくり出したのが「皇帝」という言葉です。由来となったのは、中国の古代神話の3柱神と5人の聖なる君主を表した「三皇五帝」であり、それらよりも尊い存在であろうとする思惑が込められています。

加えて、始皇帝は自分が天下を治める正統性にもこだわり、その根拠として「諸子百家」の一つで、陰陽家が説いた「五行説」を取り入れています。当時の中国では、帝王は万物を構成する5元素のいずれかの徳を有し、王朝は火・水・土・木・金の順に交代すると考えられていました。たとえば、殷は金、周は火、秦は水の徳を有するとされます。

主筋である周を滅ぼして覇権を握った秦では、民衆からの求心力を保つためにも、王朝交代は個人の意思ではなく自然の摂理としなければなりませんでした。

ちなみに、これら五つの徳にはそれぞれ色が割り当てられており、水は黒とされています。肖像画に描かれる黒衣をまとった始皇帝の姿は、五行説が重視されていたことの証左といえるでしょう。

郡県制を土台にした中央集権体制

その後の始皇帝は法家の李斯《りし》を登用し、法治主義を土台にした革新的な政策を相次いで実行していきます。代表的なものとしては、度量衡、貨幣、車の軸幅、文字書体の統一が挙げられます。

そして、これら統一政策以上に重要なのが、新たな統治システムの導入です。始皇帝は戦国時代の秦で採用されていた郡県制を発展させ、秦以外の国を廃止したうえで36（のちに48に変更）の郡を設置します。郡はさらに県、郷、里と行政単位が細かく分かれ、中央から派遣された役人が統治にあたりました。その結果、秦では封建制に代わる中央集権体制が確立します。

国外に目を移すと、北方では匈奴《きょうど》と呼ばれる異民族が国境を荒らしており、その対策が喫緊の課題でした。始皇帝は30万人もの兵を国境付近に派遣して匈奴を追い払い、再度の侵入を防ぐ目的で長城を整備しました。一般にこの長城は始皇帝が築かせたととらえられがちですが、城壁自体は秦王朝の成立以前から点在しており、始皇帝はそれらを1本につなげたにすぎません。

こうした巨大建造物の造営は秦代の特徴の一つであり、始皇帝は1万人が座ることのできる正殿を備えた阿房宮《あぼう》や、自身の陵墓である驪山陵《りざん》（始皇帝陵）、それに付随する兵馬俑坑《へいばようこう》なども建造しています。自身の威勢を誇示するために行われた大規模工事は、労働力として駆り出された民衆の暮らしを圧迫することとなりました。

永遠の命を望む

始皇帝は即位にあたり、現在の山東省泰安《たいあん》市にある泰山で「封禅《ほうぜん》の儀《ぎ》」を執り行ったことが知られています。天と地の神に政治の成功を報告する祭事であり、前漢の武帝や唐の玄宗なども行っています。始皇帝による儀式の内容は不明ですが、「神仙思想」と結びついていたとみられています。

神仙思想とは不老不死の神仙の存在を信じ、人も神仙になれるとする思想です。始皇帝は医術や占筮《せんぜい》などに長けた方士《ほうし》にその方法を探らせました。司馬遷の『史記』には、命令を受けた方士の徐福は霊薬があるとされる三神山を探し求めて東に向かうも見つけることができず、平原広沢《へいげんこうたく》という地（一説には日本とされる）で王になったと記されています。

永遠の命に固執する始皇帝はその後も方士に秘薬の研究を続けさせ、やがて丹薬という薬の開発に成功します。その実体は水銀です。

『史記』には、始皇帝の墓に水銀を流してつくった川や海があるとも記されており、調査の結果、始皇帝陵で水銀が蒸発した痕跡が見つかっています。また2002年には湖南省の井戸の底から3万6000枚の木簡が発見され、そこには「不老不死の薬を探せ」という始皇帝の命令が書かれたものや、困惑する村民の様子を書いたものもあったそうです。

性急な改革が生んだ民衆の不満

秦王朝は中国統一から15年で滅亡しました。短期間で終焉を迎えた理由としては、法治主義の運用が厳格すぎたことと、改革を急ぎすぎたことが挙げられます。

始皇帝はみずからの政治に批判的な者に対して苛烈な処罰を下しました。なかでも「焚書坑儒《ふんしょこうじゅ》」と呼ばれる弾圧では、秦の歴史、医学、占い、農業以外の書物を人々から取り上げて燃やし、政治を批判した４６０人もの儒者を生き埋めにしました。また軍令違反を犯した者には理由を問わず死刑が下されました。当時の治世が民衆に不満と恐怖を与えていたことは想像に難くありません。

始皇帝は前２１０年、地方視察中に49歳で病没します。長子の扶蘇《ふそ》は聡明で、生前の始皇帝も後継者にと望んでいましたが、政策をめぐって両者は対立し、扶蘇は匈奴との最前線に送られました。宦官の趙高《ちょうこう》はその間隙を縫って始皇帝の末子である胡亥《こがい》を二世皇帝に擁立します。父の死を知らない扶蘇は、趙高が捏造した詔勅で自害に追い込まれ、始皇帝の片腕であった李斯も趙高の謀略により処刑されました。

宮中の混乱と時を同じくして、前２０９年には中国史上初の農民の反乱とされる陳《ちん》勝《しょう》・呉広《ごこう》の乱が勃発します。陳勝と呉広という農民によって引き起こされた反乱です。

争乱は全国に飛び火し、過去に滅亡した国の有力者なども蜂起します。このときの楚の反乱軍には、楚の将軍の一族である項羽と農民出身の劉邦がいました。

劉邦が秦の都である咸陽《かんよう》に迫ると、趙高は二世皇帝を自害に追い込み、始皇帝の孫にあたる子嬰《しえい》の擁立を画策します。しかし、子嬰は趙高を殺害し、皇帝の称号を捨て、劉邦に降伏しました。やがて、始皇帝の一族は劉邦に続いて咸陽に着いた項羽に殺され、秦は滅亡します。

その後、項羽との間で起こった楚漢戦争に勝利した劉邦が漢王朝を開きました。漢は郡県制を土台にした郡国制を敷くなど、秦の政策をある程度踏襲しています。一方で行き過ぎた法治主義を改め、大規模な土木工事を取りやめ、匈奴と和議を結ぶなど、秦の失政を踏まえた政治を実践しました。

以降、永きにわたって秦の治世は批判の対象となり、始皇帝は暴君の代表格とされてきましたが、強力な権力を有する皇帝のもとに国家が統治されるという政治システムは20世紀まで存続したという点で、始皇帝の業績は見直されつつあります。

アウグストゥス

友と妻と築いたパクス・ロマーナ

共和政ローマは周辺国を次々と征服し、地中海の覇者となったが、長期の戦争で国力が弱まり、内乱が勃発していた。ガリアを平定した英雄カエサルは、独裁者になることを危惧されて暗殺されてしまう。

後継者のオクタウィアヌスは内乱を鎮め、破綻していた共和政を帝政へと転換させ、初代ローマ皇帝アウグストゥスとなる。伝統的に独裁を嫌うローマで単独の支配者になれたのはなぜか。称号「アウグストゥス」が贈られた理由とは。

〔生没〕紀元前63年～紀元14年
〔在位〕紀元前27年～紀元14年

ローマ帝国

共和政が揺らぐ混乱のローマ

「人生という喜劇で、私は自分の役をうまく演じきれただろうか？」――紀元14年8月、ポンペイ近郊の街ノラで、家族に囲まれた一人の老人が最期の言葉を投げかけました。老人は演劇が好きで、自分を演者のようにとらえていたようです。老人の名はアウグストゥスといい、初代ローマ皇帝でした。古代ローマ史上に名高いユリウス・カエサルが暗殺されたことで、アウグストゥスの人生は、まるでドラマのように大きく動き始めたのです。

紀元前8世紀ごろにイタリア中部のティベル川沿いに建設された都市国家ローマでは、前509年に王が市民らに追放されて王政から共和政に移行します。もとは貴族と平民の身分差がありましたが、軍事力の中心となる中小農民から不満の声が上がり、前3世紀には貴族と平民は政治において同等の権利を有するようになります。

以後、農民を主力としたローマ軍は周辺都市国家を次々と攻略し、前2世紀には地中海沿岸に多くの支配地、属州を有する強大な国家となりました。

しかし、豊かになったのは属州の統治や徴税請負を担う貴族ばかりで、農民は没落する一方でした。長期の戦争で農民が耕作できなくなった結果、農地は荒廃し、農民は無産市民となって首都ローマに流入しました。

前2世紀後半に登場した政治家のグラックス兄弟は、土地を再配分する改革に着手しますが、貴族ら反対勢力に追いつめられて失敗します。以降、私兵を率いた有力政治家同士の衝突など、争いの絶えない約100年の時が流れます。この「内乱の1世紀」と呼ばれる混乱期を鎮めた3人のうちの一人が、ユリウス・カエサルです。

カエサルは有力政治家のポンペイウス、クラッススとのちに「第1回三頭政治」と呼ばれる私的な政治同盟を締結します。やがて対立したポンペイウスを倒し、非常時において一時的に全権を委任される独裁官（ディクタトル）を終身務めます。カエサルは民衆の人気と権力を得ますが、政治家ブルートゥスにより暗殺されます。

カエサルの敵討ちとエジプトの終焉

アウグストゥスは前63年、ローマ南東の小さな町の有力一族に生まれます。このこ

ユリウス・クラウディウス朝の系譜

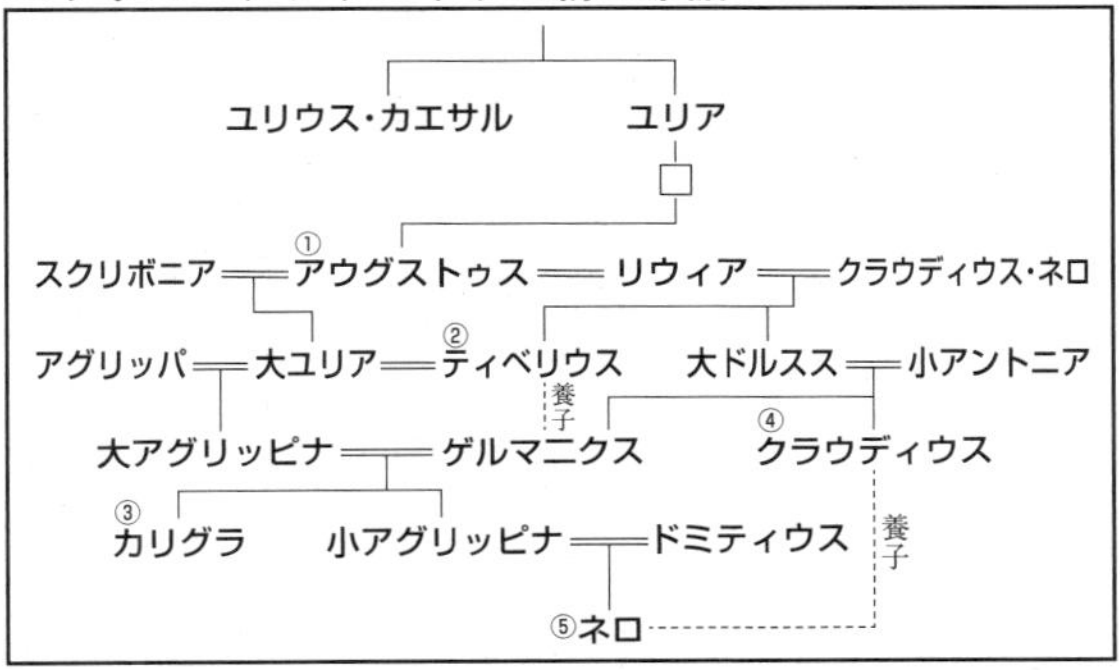

ろはオクタウィアヌスと呼ばれていました。

4歳のころに父を失い、母方の祖母であり、カエサルの妹でもあるユリアに育てられますが、12歳のときにユリアも他界します。オクタウィアヌスはその葬儀で追悼の言葉を述べた際、カエサルの目に留まりました。

以来、カエサルはこの少年に才能を見出したのか、ポンペイウス派を討つ遠征に同行させたり、属州に留学させたりと目をかけます。

オクタウィアヌスは、カエサルが暗殺された報せを、留学先で聞きました。

遺言状により、自分がカエサルの後継者に指名されたと知ったオクタウィアヌスは、カエサルの部将であるアントニウス、レピドゥスとともに、政治同盟「第2回三頭政治」を結び、ブルートゥスなど、カエサルを殺した勢力を討ちます。

ところが、アントニウスはエジプト女王クレオパトラに魅了されます。アントニウスは、オクタウィアヌスの姉オクタウィアを妻にしていましたが、やがて離婚してクレオパトラと結婚します。アントニウスは東方属州の要地をクレオパトラに寄贈しようとするなど、ローマへの裏切り行為に及びました。激怒したローマ市民に支持され、オクタウィアヌスは前31年、ギリシア西北の海域アクティウムでエジプト艦隊を撃破します。アントニウスとクレオパトラは自害に追い込まれ、プトレマイオス朝エジプトはローマの属州となり、内乱は収束しました。

アントニウスを破って国内に対抗勢力がいなくなり、支配権を確立しました。

なぜ「アウグストゥス」なのか

「私はみずからの職務を完全に辞し、諸君にすべての権限、すなわち、軍隊と法、さらには属州に対する権限を返すことにする」——前27年、オクタウィアヌスは貴族の会議である元老院で演説し、称賛されました。カエサルの相続人であるオクタウィアヌスは、カエサルが終身独裁官となった際の権力を引き継ぎましたが、この非常大権を元老院と市民の手に再び戻すと宣言したのです。

元老院が歓喜した理由は、王政時代にまでさかのぼります。都市国家を形成したころのローマは、イタリア中部トスカーナ地方を拠点とするエトルリア人の王に支配されていました。初期は善政を敷いた王も時代を経るごとに傲慢になり、その振る舞いに不満を抱いた元老院は王を追放します。ローマ人は自分たちが自由民であると強く意識し、その自由を侵す恐れのある独裁者に嫌悪感を抱いたのです。

この意識は元老院中心となった共和政期も続き、独裁者になる勢いを見せたカエサルは、共和政の支持者であるブルートゥスらに暗殺されます。権力を手にしながらも単独の支配者になることを辞し、元老院主導の共和政に戻そうとしたオクタウィアヌスの姿勢が、元老院を脱帽させたのです。この功績を称え、オクタウィアヌスには「アウグストゥス（尊厳者）」の称号が与えられました。

なお、ユリウス暦の8月はこの称号にちなみ、のちに「アウグストゥスの月」と名づけられ、現在多くの国で使われているグレゴリオ暦で「August」と呼ばれています。

アウグストゥスはカエサルの轍《てつ》を踏まないよう、共和政の復興を建前とし、「市民の第一人者（プリンケプス）」の立場を貫きました。国政を元老院と分担した一方で、全権力を返還すると宣言しながら、さまざまな官職を兼任して独裁的な実権を掌握していき、独裁者と疑われずに事実上の皇帝となりました。

こうして帝政は始まりますが、当時は「皇帝」を意味する言葉はなく、あくまでも市民の第一人者が統治する「元首政（プリンキパトゥス）」でした。これは、帝政後期に現れる、元老院を無視した専制君主政との大きな違いです。

住みよいローマ帝国への変革

巧妙に帝政を樹立した強《したた》かなアウグストゥスは虚弱体質でした。腸が弱くつねに腹巻きをしていた、いくつも薬を携帯していたなど、病弱な様子はさまざまに伝わっています。そのため、アウグストゥスが総司令官を務める戦いにおいて、実際に軍を率いて戦ったのは少年期からの友人アグリッパでした。

アグリッパは軍人としての実力を発揮し、軍事面でアウグストゥスを支えました。アクティウムの海戦を指揮したのもアグリッパです。

アウグストゥスの時代の帝国版図は、東は現在のシリア、西はスペイン、南はエジプトまで広がっていたものの、行政が整っていない地域もありました。アウグストゥスはアグリッパと数年かけて属州を巡察し、各地の行政を整備します。戸口調査を実施して税負担が公平か確かめ、属州総督による不当な徴税がないか目を光らせました。

二人が各地にローマの生活様式を普及させて都市化も促したことで、帝国の人々はローマへの忠誠や感謝の意を抱き、自身は帝国の受益者だという意識が生まれました。「ローマ帝国の一員である」という意識は、その後500年ほど、ヨーロッパと地中海沿岸地域を結びつけたのです。

アウグストゥスは帝国の中枢であるローマも生まれ変わらせます。火災や洪水などに弱かったローマに、大理石を多用した公共建築物や神殿を次々と建設したのをはじめ、水道局の開設、道路網の敷設・改修などのインフラ整備にも着手しました。食糧不足になった際は自身の資産を投入するなどして問題解決に努め、街には夜警消防隊や首都警護隊も設置し、都市生活の安寧を守りました。その後300年にわたるローマ帝国の基軸通貨となる新たな通貨制度の導入、少子化問題解決を目的とした子どものいる世帯を優遇する法律の制定など、多岐にわたる政策を実現します。景観から制度までが一新されたローマは、帝国の首都にふさわしい街へと進化しました。

以後約200年は繁栄が続き、「パクス・ロマーナ（ローマの平和）」と呼ばれます。

温かく冷たい二つの顔

帝政期の基盤を築いたアウグストゥスには、人間味ある逸話もあります。

ギリシア神話の英雄アイアスの悲劇を紙につづり、出来栄えに満足できず海綿で文字を消した際は「アイアスは海綿で自害してしまった」と友人に話したそうです。テキパキと仕事をこなすことも「アスパラガスを料理するよりも素早く仕事を片付ける」と表現するなど、ユーモラスな面がうかがえます。また端正な顔立ちをした優雅な美男子でもあり、生涯を通じて情事の噂が絶えなかったといわれていますが、再婚した妻リウィアとは死ぬまで仲睦まじく連れ添いました。

人を魅了する私人としての顔だけでなく、情け容赦ない公人としての顔も併せ持っていました。アントニウスやレピドゥスと手を組む必要に迫られたときは、共和政擁護派の友人を切り捨てています。

統治者には時に冷酷さも求められ、冷徹な面は多くが公共の利益のためでしたが、私人としては裏目に出ます。自分と血縁のある後継者にこだわるあまり、リウィアの連れ子ティベリウスを愛妻と無理やり別れさせ、未亡人となっていた前妻との娘ユリア（大ユリア）と結婚させるなど、近親者を物のように扱った結果、家族は崩壊します。結局、親族から後継者を指名できないまま75歳で死に、その跡は妻の前夫との子ティベリウスが継いだのです。

アウグストゥスの死後、皇帝中心体制は徐々に確立されますが、この帝権は「市民の第一人者」という立場のため、血統による世襲が正当化されず、皇帝の地位は保証されていませんでした。元老院との対立や猜疑《さいぎ》心から多くの人が粛清されるなか、54年に即位したネロは、はじめの5年は善政を敷きますが、その後は母親殺し、キリスト教徒の迫害など、数々の非人道的な行為により元老院に公敵とされ、自害に追い込まれます。この惨憺たる状況の打破には、のちの五賢帝の登場を待たなければなりません。

アウグストゥスは「市民の第一人者」の立場を貫きつつ、共和政ローマを帝国へと変えました。アウグストゥスは自身の役割を全うし、新時代の幕を開いたのです。

トラヤヌス帝

属州出身者が果たした帝国最大版図

ローマ帝国の最盛期である五賢帝時代は、後世の歴史家から「人類史上、最も幸せな時代」と称えられた。5人の皇帝のうち、帝国にとりわけ恩恵をもたらしたのが「最善の元首」トラヤヌス帝だ。帝国の中枢ではなく属州に生まれたトラヤヌス帝は、帝国の構成員が変容しつつあった時代性を反映し、新旧勢力をともに尊重する政治を行った。そして、帝国史上最大にまで領土を広げた。史上最大の版図は帝国に何をもたらしたのか、なぜ彼は「最善」と称されたのだろうか。

〔生没〕紀元53年～紀元117年
〔在位〕紀元98年～紀元117年

ローマ帝国

「最も幸福な時代」への軌跡

現代のローマの市民に「偉大な皇帝は誰か」を問うと、必ず挙がるのが、トラヤヌス帝です。ローマ帝国に多くの恩恵をもたらし、トラヤヌス帝の時代に領土は最大になりました。トラヤヌス帝は帝国が繁栄を極めた五賢帝時代の2番目における5人の皇帝の皇帝として、19年間帝位にありました。

五賢帝時代は「パクス・ロマーナ（ローマの平和）」の黄金期です。とはいえ、18世紀の歴史家エドワード・ギボンが「人類史上、最も幸福な時代」と評したこの時代に至るまで、帝国は不遇の時期を過ごさねばなりませんでした。

暴君として悪名高いネロの死後、五賢帝時代までに6人の皇帝がいました。このころの皇帝は、初代皇帝アウグストゥスのようなカリスマ性はなく、民衆の支持を集めるため、市民へのサービスに熱心でした。いわゆる「パンとサーカス」といわれる、食糧の配給と派手な見世物（娯楽）です。戦車レースや剣闘士試合などの見世物が円形闘技場で開かれました。現在のローマ市にある世界遺産「コロッセオ」は、この時期につくられた建物です。

五賢帝時代直前のドミティアヌス帝に至っては、財政悪化や恐怖政治などが原因で元老院議員らに暗殺されます。暗殺の同日には元老院議員ネルウァが皇帝に推薦され、五賢帝時代が始まります。

ところが、ネルウァ帝は老齢で病弱なうえ実子がいなかったため、後継者を探し求め、トラヤヌスに白羽の矢が立ったのです。

属州出身者が初めて皇帝になる

帝政期には50の属州があり、平和で豊饒な地中海沿岸地域と、外部民族の侵入などで物騒な国境地帯に大別できました。

地中海沿岸からは首都ローマに多くの物資がもたらされ、そこから徴収した租税が帝国軍を維持し、辺境には大多数の軍隊が置かれ、防備が固められていたのです。

属州の統治も防衛もローマ帝国が担い、最先端の文化も流入しましたが、帝国は自分たちの価値観を押しつけず、その土地の自治や習慣などを尊重しました。こうして、

トラヤヌス帝の治世時の帝国領土

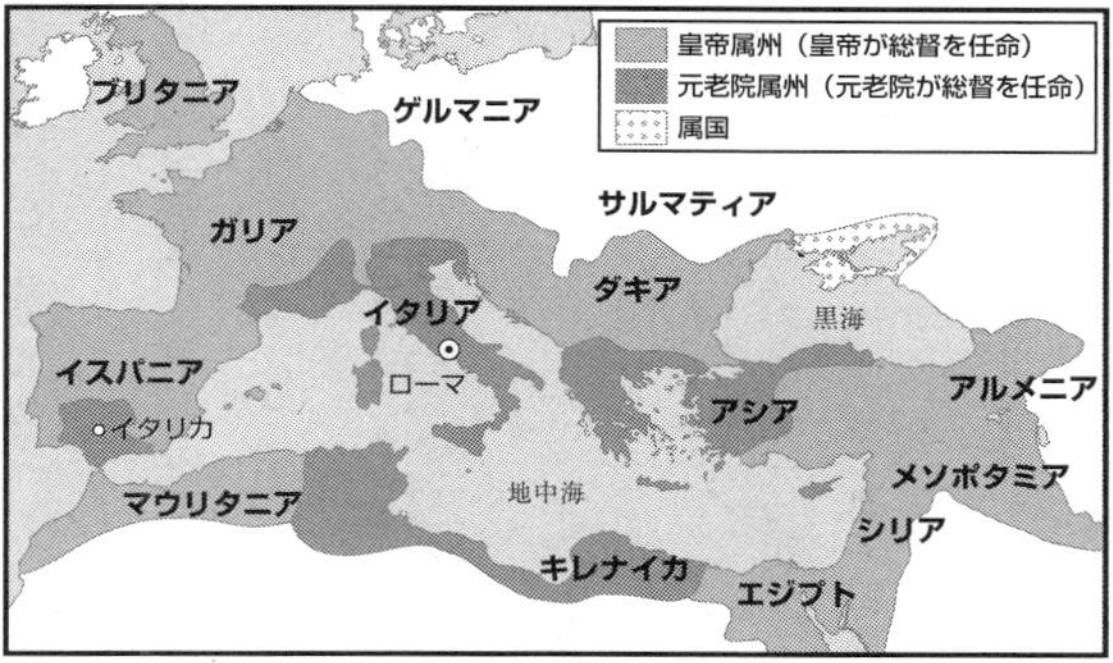

本拠であるローマのほかに、数十に及ぶ属州を支配下に置いていたローマは、トラヤヌス帝のもとで最大の版図となった。

首都ローマやイタリア半島を本拠としない〝新しいローマ人〟が増えていきます。

トラヤヌスはまさに、新しいローマ人を象徴するような人物でした。

トラヤヌスは、初の属州出身の皇帝です。ローマ文化の影響を受けて発展した現在のスペイン南部のイタリカの町に生まれました。

皇帝、元老院議員に次ぐ騎士身分として代々その地に定住した一族で、父の代で元老院議員となりました。トラヤヌスはシリアの属州総督となった父について10代後半で軍務に就き、法務官、執政官を経て、上ゲルマニアの総督となります。

44歳のとき、ネルウァ帝から次期皇帝に

指名されたことを知りました。

ネルウァ帝とトラヤヌスとの間には血縁関係はなかったため、養子縁組を結び、ネルウァ帝は1年4カ月の治世に幕を閉じました。以後、五賢帝時代では皇帝が後継者として適任な人物を指名する方法が踏襲されていきます。

元老院を尊重した謙虚な新帝

ネルウァ帝がトラヤヌスを指名したのは、元老院にも軍隊にも好感を持たれる人物という条件に合致していたからです。その根拠には、トラヤヌスの人脈や家柄の良さ、多数の軍隊を保有していたことなど、さまざまな説があります。それでは、なぜ元老院と軍隊の支持が皇帝に必要なのでしょうか。

そもそも元老院議員とは王政時代から続く役職で、為政者への意見具申や補佐などを行ってきました。すでに触れたように、ローマ帝国は王政時代に独裁的な王を追放し、元老院中心の共和政へ移行した歴史を持ち、独裁者への嫌悪感と、「ローマは元老院主導の国家だ」という意識があります。帝政期には皇帝の存在があるため、共和政時代のように主体的に動けなくなったものの、元老院主導という意識は残っていて、正式な皇帝になるには元老院の承認が必要でした。

属州総督も元老院議員から任命されました。辺境軍隊の団長も多くが元老院議員だったため、帝国を統治していくうえで、元老院議員の協力は不可欠でした。

軍隊の支持も欠かせないものでした。ネルウァ帝の時代、軍隊には亡き先帝ドミティアヌスを偲ぶ声が残っており、新帝には皇帝の権威を認めさせ、軍隊を掌握できる力が求められていました。

そこでトラヤヌスはネルウァ帝の死後、すぐに首都ローマに向かわず、ライン川やドナウ川近辺の軍隊を訪問して懐柔し、即位1年半後に、ようやくローマ入城を果たしました。民衆から歓迎されたトラヤヌスは、馬から下りて歩きつつ、親しい人たちと抱擁を交わします。その謙虚な姿に、民衆は好感を抱きました。

トラヤヌスは元老院からも温かく迎えられ、その承認のもと、皇帝への即位を宣言します。元老院議員のうち、イタリア半島出身者と小アジア出身者をともに執政官に任命するなど、ローマの伝統的勢力を尊重しつつ、帝国統治の新たな力となる人物も登用し、時代の空気を反映した人事を行います。

属州総督の元老院議員たちとも密に書簡を交わすなど、トラヤヌス帝は地域対策への配慮も欠かしませんでした。ネルウァ帝が気にかけた元老院との関係は良好な状態で始まり、トラヤヌス帝は早期に安定した政権を確立できたのです。

「最善の元首」と称えられる

強固な政権基盤に自信を深めたトラヤヌス帝は、即位3年後に首都ローマを留守にします。向かったのは、ドナウ川下流北岸に位置するダキア、現在のルーマニアにあたる地域です。ドナウ辺境に暮らすダキア人とは、ドミティアヌス帝の時代に戦争の末に講和していましたが、ダキアはローマをおびやかす国となりつつあったことから、ダキアを討つ必要があると考えたのです。

トラヤヌス帝はもとより軍人であり、戦争で本領を発揮しました。二度にわたってダキアに勝利すると、ドナウ川に巨大な橋を架け、ダキアをローマの属州に加えます。このころからダキア人はローマ人と混血して「ロマニア人」と呼ばれるようになりました。現在の国名「ルーマニア」は「ロマニア人の国」を意味します。ダキア戦争の様子は、首都ローマに建てられ、現在も残るトラヤヌス帝の記念柱にらせん状のレリーフで描かれています。

ダキアを征服したトラヤヌス帝はさらに東方へ軍を進め、アルメニア王国を併合し、その後メソポタミアに進出してイラン系国家パルティアの都を陥落します。このころ、帝国領土は最大になりました。

トラヤヌス帝が版図を広げられた理由は、軍人としての手腕や、兵士からの信頼が厚かったことが挙げられます。ネルウァ帝が次期皇帝の条件として考えた「元老院と軍隊の好感」を利用し、大事業を成し遂げたのです。

とはいえ、最大版図を築いたことで「最善の元首」と呼ばれたわけではありません。「最善」たるゆえんは、親征での戦利品を国家財政に回し、公共事業などで民衆に恩恵を与えたことです。トラヤヌス帝は建築家アポロドロスを重用し、首都に格安の公共浴場をはじめ、図書館などを備えた広大な広場、商業センターなどを建設していきます。アポロドスは先述のダキアの橋や記念柱の設計も担当しています。

ほかにもトラヤヌス帝は、ローマの外港として六角形の港、属州には退役軍人が住む都市を築くなど、帝国各地を整備していきました。

加えてトラヤヌス帝は、ネルウァ帝が創設した福祉制度「アリメンタ」を引き継いで発展させました。アリメンタとは土地所有者に資金を貸し出し、その利息を貧しい子どもたちの養育基金とする制度で、その後200年も存続しました。

こうした貧民に生活必需品を支給するなど、数々の施策をもって「最善の元首」と称えられたのです。

栄華の果てにもたらされたもの

117年、トラヤヌス帝は遠征先の属州にて64歳で世を去りました。ネルウァ帝と同じく実子がなく、死の床で後継者として、いとこの息子ハドリアヌスを指名します。この指名には、ハドリアヌスに恋したトラヤヌス帝の妻が関与したのではという疑惑が生じ、半世紀経っても噂が絶えなかったと伝えられています。

五賢帝3人目のハドリアヌス帝は、トラヤヌス帝が拡張した領土を守るため、帝国各地を視察し、国境防備に努めました。4人目のアントニヌス・ピウス帝は、優れた外交手腕により戦争や大事件を起こさず、後世の歴史家に「歴史がない」と評されるほど平穏な時代を築きます。

　ところが、５人目のマルクス・アウレリウス帝の代になると、トラヤヌス帝の拡張政策が裏目に出ます。国境線が伸びた分、防備が不十分な地域が生じ、版図を維持するための防衛戦争が財政を圧迫します。そこへ辺境からの帰還兵が疫病を持ち帰り、都市では多くの市民が命を落としました。

　マルクス・アウレリウス帝は疲弊した帝国を実子に託しましたが、息子は父の期待に添わない愚帝でした。ここに、五賢帝時代は終わりを告げたのです。

　トラヤヌス帝が築いた最大版図は、のちにローマ帝国の衰退のきっかけとなったものの、当時の帝国に公共事業など多くの恩恵をもたらしました。帝国絶頂期を治めたトラヤヌス帝は、現代のローマ市民に偉大な皇帝として称えられています。

五賢帝の関係

①ネルウァ
｜養子
②トラヤヌス
｜養子？
③ハドリアヌス
｜養子
④アントニヌス・ピウス
｜養子・娘婿
⑤マルクス・アウレリウス

コンスタンティヌス大帝

時代を変えたキリスト教公認と東方遷都

世界的に使われるアメリカの通貨「ドル」の記号には、「D」ではなく「S」が用いられる。この貨幣記号の謎には、後期ローマ皇帝コンスタンティヌスが行ったある改革が関連している。

五賢帝の時代ののち、ローマ帝国は東西に分裂するなど様相が一変していた。混乱を収めたコンスタンティヌス帝は国内の変化を感じ取り、数々の改革を断行したことで「大帝」と崇《あが》められる。

その決断は帝国の行く末と、現代につながるのちの世界に何をもたらしたのだろうか。

〔生没〕272年～337年
〔在位〕306年～337年

ローマ帝国

帝国分裂の時代

現在、信者数が最も多い宗教はキリスト教です。キリスト教拡大のきっかけの一つは、ローマ帝国後期の皇帝コンスタンティヌスにさかのぼります。

五賢帝以後、多くの皇帝が親衛隊に暗殺され、3世紀には約50年で70人もの皇帝が擁立される混迷の時代を迎えます。その多くが兵士に支持された軍人だったため、「軍人皇帝」と呼ばれますが、元老院から正式に認められた皇帝はわずかでした。

「元老院主導のローマ」の意識のもと、皇帝就任には元老院の承認が必要でしたが、このころの元老院に力はほぼなく、権力掌握には軍事力が求められました。軍事力重視の理由は、帝国辺境での外敵の侵入などに対処するためでしたが、戦乱はやまず、帝国は分裂の危機にあったのです。

そんな状況下において、軍に擁立されたディオクレティアヌス帝は、分裂傾向が明らかな帝国を一人で治めず東西に分割し、それぞれに正帝と副帝を置きました。帝国を4人で共同統治するこの体制は「テトラルキア（四分統治）」と称されます。新体制は成功し、分裂の危機を回避しつつ外敵の侵入も抑えられました。ところが、ディオクレティアヌス帝が退位すると再び混乱し、帝位をめぐる抗争が起こります。

コンスタンティヌスはバルカン半島に生まれ、父は西の正帝でした。ディオクレティアヌス帝や父が死ぬと帝位争いに参戦し、勝利します。自身は西の皇帝に、同盟を組んだリキニウスは東の皇帝となり、四分統治は終わりました。

キリスト教の迫害と信徒増大

当時、自分たちの信じる神以外は偽物だと主張したキリスト教徒が迫害されたものの、信徒は増加の一途をたどります。皇帝崇拝を強いるディオクレティアヌス帝の治世ではとくに厳しい弾圧がありました。

キリスト教の始まりの地は、アウグストゥスの跡を継いだティベリウス帝の時代、帝国支配下にあったパレスチナです。

この地ではユダヤ教が信仰されていましたが、律法主義と選民思想を憂いたナザレのイエスが立ち上がります。イエスは帝国への反逆者として処刑されますが、イエス

東西に分裂していたローマ帝国

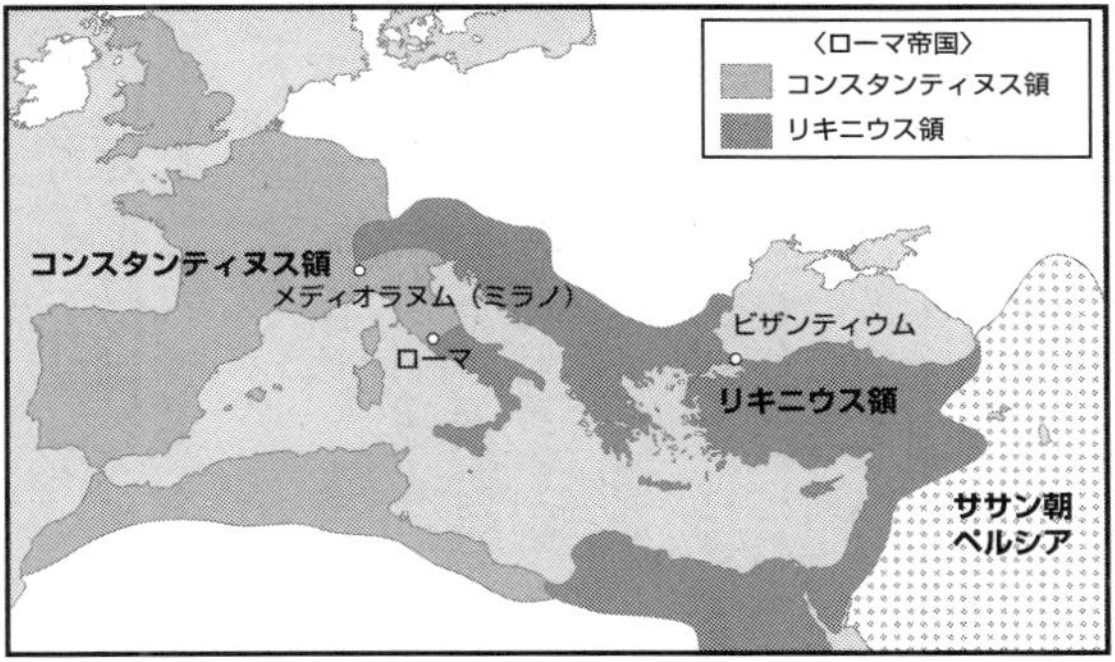

ローマを離れたディオクレティアヌス帝は東部のニコメディアに移り、四分統治が始まった。その後の争いを経て、東西の皇帝領に統合される。

が復活したことへの信仰からキリスト教が誕生します。

キリスト教の起源はユダヤ教といえますが、キリスト教はユダヤ教の選民思想を受け継ぎませんでした。イエスの弟子たちが異邦人への布教を積極的に行ったことでローマ帝国内に広まり、235年から285年にかけての軍人帝国時代には信徒が爆発的に増加します。

もともとローマ帝国は、各地の土着の宗教を受容していました。一方でキリスト教は「パクス・ロマーナ（ローマの平和）」後の衰退に虚しさを感じ、内面の豊かさを求めていた人々の心を揺さぶり、一大勢力になったという見方もあります。

世界宗教のきっかけとなった勅令

コンスタンティヌスが西の皇帝となったころ、キリスト教徒は50万人を数えたといい、禁じれば帝国統一も危うい状況でした。３１３年、コンスタンティヌス帝はキリスト教徒の支持を得ようと、キリスト教を公認する「ミラノ勅令」をリキニウス帝とともに発布します。この勅令は、正確にはあらゆる宗教の自由を認めるものでしたが、事実上はキリスト教の公認を意味しました。これがキリスト教ののちの世界的拡大を決定づけたと重視する研究者もいるほど、歴史的な大事件でした。

教義統一のため、キリスト教会初の公会議も開催されます。当時の教義は、イエスを神であり人間でもあるとするアタナシウス派と、神とイエスを分けて考えるアリウス派で対立していました。アリウス派が東方の人々に支持され始め、帝国分裂の危機を感じたコンスタンティヌス帝は、３２５年、小アジアで会議を開き、アタナシウス派を正統、アリウス派を異端と決定します（ニケーア公会議）。

アタナシウス派はのちにカトリックへと発展し、帝国から追放されたアリウス派も、帝国領域外の北方に住むゲルマン人に伝道しました。コンスタンティヌス帝はキリスト教の発展・普及に大きな意味を持つ存在といってよいでしょう。

700年信頼されたソリドゥス金貨

ディオクレティアヌス帝は初代皇帝から続いた元首政を、皇帝が官吏を使って専制支配を行う専制君主政（ドミナトゥス）へと移行させていました。コンスタンティヌス帝はこの改革路線を継承し、軍の再編成、下層民の身分・職業の世襲化による財政基盤の整備などで帝国支配を確立させます。

種々の改革の中で、現代にも影響を与えているのが通貨改革です。軍人皇帝時代には、皇帝が増大した兵士の給料を払うため、銀の含有量が少ない銀貨の改鋳を続けた結果、通貨は下落して物価は高騰していました。コンスタンティヌス帝はローマの重量単位1ポンドを基準に

ソリドゥス金貨

72枚の金貨を鋳造し、確固たる通貨制度を築き、経済の混乱を収めます。この金貨はソリドゥスと呼ばれ、「ソリドゥスのために戦う者」の意味から「ソルジャー（兵士）」の語源となりました。

ソリドゥスは純度が高く質も安定していて、国際交易での信頼性が高く、11世紀後半まで約700年間も流通しました。

現代のアメリカドルが貨幣記号に「$」を用いるのは、長く使われたソリドゥスにならうようにとの願いが込められているためとされています。

「第2のローマ」が東に

東西の新皇帝は同盟関係にありましたが、キリスト教を擁護するコンスタンティヌス帝と、キリスト教に疑念を抱くリキニウス帝はやがて対立し、現在のトルコのイスタンブールにあたる都市ビザンティウム近郊で対決します。

勝利したコンスタンティヌス帝は単独皇帝となり、この地に建設した都を「コンスタンティノープル」と名づけました。この新都では古い宗教の神殿は建てられなかったものの、皇宮や公衆浴場などが並ぶ旧都ローマを彷彿とさせる街並みとなり、「第2のローマ」と称えられました。遷都直後は、政治的な役割は旧都ローマに及びませんでしたが、コンスタンティヌス帝の子の代には元老院の整備などが行われ、帝国の重心は東にずれていきました。

旧都ローマが帝国の中心としての力を失ったことは、帝国滅亡の始まりでした。

コンスタンティヌス帝が死ぬと、権力争いなどによって帝国は再び不安定になりますが、379年に即位したテオドシウス帝が帝国を再統一します。ゲルマン人の侵入などで帝国の分裂が不可避となり、テオドシウス帝は東西分割した帝国を二人の息子に分与しました。

ローマを都とする西ローマ帝国は異民族の侵入などで混乱し、476年に滅亡します。コンスタンティノープルを都とする東ローマ帝国は都市経済が比較的健在だったことなどから、15世紀のオスマン帝国侵攻まで、その命脈を保ちました。

コンスタンティヌス帝の治世は大転換の連続でした。その大事業は帝国の中心地や理念を変え、世界的な宗教や通貨、大都市など、現代世界を構成する多くの要素の礎ともなったのです。

ユスティニアヌス大帝

結婚のために変えた法、後世のために残した法

日本の法律には、古代ローマ時代の法律がもとになっているものがあることをご存じだろうか。これは古代ローマ文化を後世に残した、東ローマ帝国（ビザンツ帝国）の皇帝ユスティニアヌスの功績だ。

東ローマ帝国では、ユスティニアヌス1世が在りし日のローマ帝国を取り戻そうと諸政策に着手し、地中海域の領土を回復したことから「大帝」と称えられる。在任中の成功は後世の帝国に問題を残したとはいえ、この皇帝の事業は長い目で見ると、現代世界に計り知れない影響を与えていたのである。

〔生没〕483年～565年
〔在位〕527年～565年

東ローマ帝国（ビザンツ帝国）

西が滅んで東が残る

私たち現代人の多くは、ローマ帝国は東西に分裂した時点で崩壊したと考えがちですが、当時の人々の認識は異なっていたようです。混乱を生き延びた東ローマ帝国の人々はみずからの国を「ローマ帝国」と呼び続け、ユスティニアヌス1世はローマ帝国の栄光をよみがえらせようと、さまざまな復興事業に取り組みます。

ユスティニアヌス1世の時代に至るまでに、地中海周辺の情勢は慌ただしく変化します。ローマ帝国が帝政初期にあった紀元前後ごろ、バルト海沿岸に居住していたゲルマン人は数十の部族に分かれ、人口増における耕地不足などでローマ帝国国境付近まで南下します。帝政後期にはアジアから西進してきた遊牧民の圧迫もあり、定住地を求めてヨーロッパ中を移動していきます。「ゲルマン人の大移動」と呼ばれるこの現象は約200年続き、めまぐるしい移動や建国の最中に、ゲルマン人によって西ローマ帝国は滅亡しました。

5世紀にはイタリア半島に東ゴート王国、現在のスペインとポルトガルにあたるイベリア半島に西ゴート王国、アフリカ北部にヴァンダル王国が建国され、地中海西部の旧ローマ帝国領はゲルマン人の支配下に置かれます。このころ、現在のギリシアやトルコ、シリア、エジプトなどの地中海東部が東ローマ帝国の領土でした。

西ではゲルマン諸部族、東では現在のイランに興ったササン朝ペルシアの脅威にさらされ、往時の勢いを失いかけていた帝国で、ユスティニアヌスが皇帝として即位します。

ところで、東ローマ帝国は首都コンスタンティノープルの旧名ビザンティウムを語源とする「ビザンツ帝国」とも呼ばれます。もともとビザンティウムは、建設者ビザスから名づけられた古代ギリシア人の植民市で、帝国はその名も受け継ぎました。

帝国再興を掲げ領土回復

現在のバルカン半島の農家に生まれたユスティニアヌスには、首都で活躍する叔父ユスティヌスがいました。ユスティヌスは甥と同じく農家に生まれながら、首都で職歴を重ね、元老院から皇帝に選出されます。ユスティニアヌスは叔父の養子となって

ユスティニアヌス1世時の帝国領土

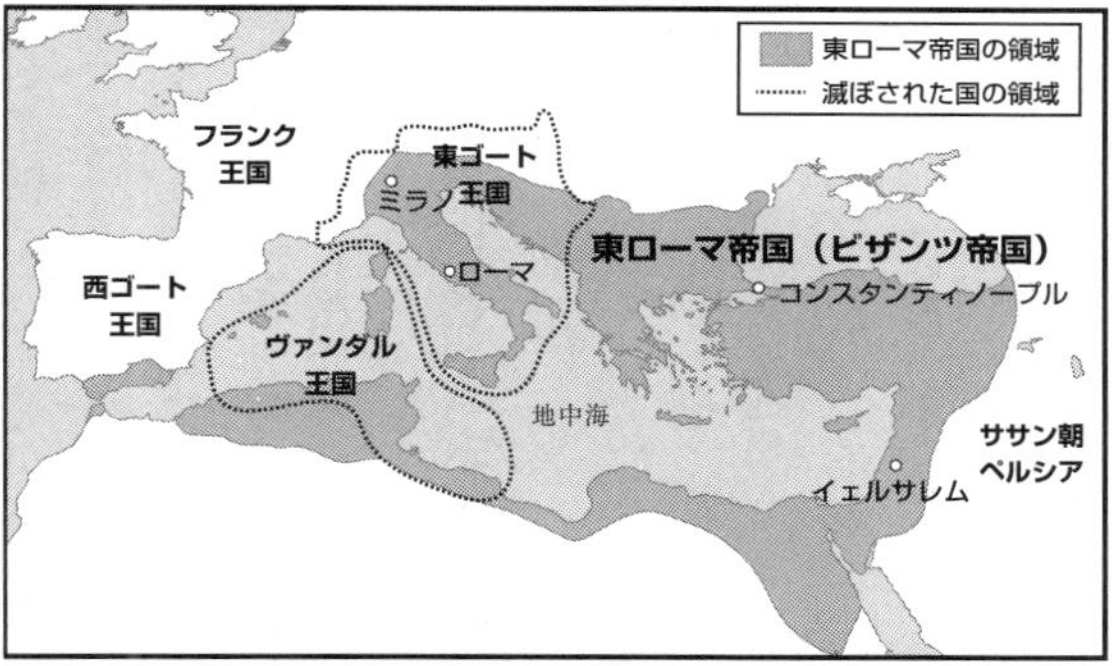

東ローマ皇帝として、かつてのローマ帝国の領土をいったんは取り戻したものの、西方を維持するだけの力は残っていなかった。

首都に招かれ、学問を修めて昇進します。叔父が死ぬと皇帝の座に就き、ササン朝ペルシアとの戦争を引き継ぎます。

ユスティニアヌス1世には、偉大なローマ帝国を復興させるという野望がありました。領土を取り戻そうと戦争を始めますが、戦費の負担に民衆が不満を募らせ、ニカの乱と呼ばれる暴動が首都で勃発します。

反乱を鎮圧したユスティニアヌス1世は絶対的な権力を獲得し、異民族から領土を奪い返す大征服戦争を始めます。

西方に派兵し、ヴァンダル王国から北アフリカ、東ゴート王国からイタリア半島、西ゴート王国からイベリア半島の一部を次々と奪還しました。

広大な領土を取り戻しましたが、この軍事的な成功は一代限りで、ユスティニアヌス1世の死後に再度征服されてしまいます。戦争は費用がかさむばかりで利益はなく、西方に注力しすぎた結果、国境の守りも手薄になりました。のちに北方からゲルマン人ら別の異民族の侵攻を受けることになります。

古代ローマ法をまとめる

ユスティニアヌス1世にはローマの文化を後世に伝えたという、現代まで続く功績もあります。古代ローマ法を集大成した『ローマ法大全』の編纂です。

そもそもローマ法とは、ローマ共和政以来、ローマ人が作成してきた法律の総称です。ローマ法は当初、ローマ市民にのみ適用される市民法でしたが、ローマがさまざまな民族を支配下に置くにつれて、万人に受容される万民法へと発展しました。

ユスティニアヌス1世の時代、東ローマ帝国では雑多で曖昧なローマ法が踏襲されていて、悪用されることもありました。ユスティニアヌス1世は法学者トリボニアヌスに命じ、古くから継承されてきた法を集成させます。

この法規集は、五賢帝時代における3番目のハドリアヌス帝の時代からの諸法を集めた『勅法彙纂《ちょくほういさん》』、法学者の見解を要約した『学説彙纂』、法律の手引書である『法学提要』の3部から成り、完成後にはユスティニアヌス1世が公布した法律をまとめた『新勅令集（新勅法）』も加えられました。これが全体として『ローマ法大全』と呼ばれ、この名称は16世紀に名づけられたものです。

なお、法解釈がまとめられた『学説彙纂』はラテン語で「ディゲスタ」といい、文章などを要約することを意味する英単語「ダイジェスト」の語源です。

実際のところ、『ローマ法大全』は実用的ではなく、1世紀のちのオリエントでは忘れ去られていました。しかし、11世紀にイタリア北部のボローニャで再発見され、イタリア最古の大学であるボローニャ大学が創設されました。

ローマ法はボローニャ大学から西ヨーロッパ全域に広められ、憲法や民法などに分類され、近代の『フランス民法典』や『ドイツ民法典』に発展し、ヨーロッパ法制度を参考にした日本や中国などにも影響を与えました。

現在の日本の法律は、ローマ法を土台としたヨーロッパの法律をモデルとしているので、ローマ法に通ずる部分も数多く含んでいるのです。

ローマ法に由来する現代の法律の一つに返品制度が挙げられます。購入した商品が不良品だった場合、保証期間内であれば販売元に返品できるというこの制度は、奴隷や家畜を売買するローマの市場で使われていました。当初は奴隷や家畜のみが対象だったこの原則をユスティニアヌス1世が改定し、あらゆる売買に適用できるようになりました。

「決して眠らぬ皇帝」の遺産

『ローマ法大全』編纂前から、ユスティニアヌス1世は個人的な事情で法律に手を加えたことがありました。首都に招かれたのち、踊り子のテオドラと出会い彼女との結婚を切望します。当時の法律では元老院身分の者と踊り子は結婚できなかったため、この法律を撤廃してテオドラを妻に迎えたのです。

皇后テオドラはニカの乱の際、逃走をはかるユスティニアヌス1世に「逃亡するより帝衣のまま死んだほうがましです」と一喝するなど、皇帝を力強く支えました。

ユスティニアヌス1世は「決して眠らぬ皇帝」と呼ばれるほど、働き者でもありました。昼夜を問わず国家業務に従事し、首都コンスタンティノープルをはじめ各地の都市で公共施設を充実させます。治世中のコンスタンティノープルは繁栄し、60万人が暮らしたといわれています。コンスタンティヌスの息子が建立し、ニカの乱で焼失したハギア・ソフィア聖堂も数年で再建され、ローマやキリスト教などの諸要素が共存する大聖堂に生まれ変わりました。

ユスティニアヌス1世の死後、帝国は長期の戦争などで財政を圧迫されたうえ、ササン朝ペルシアとの戦いが再燃し、国境地帯では異民族も侵入してきます。イタリア半島の領土はゲルマン人に再び奪われて版図は縮小し、１４５３年にオスマン帝国により滅ぼされてしまいます。

ユスティニアヌス1世の施策すべてが、当時の人々に恩恵をもたらすものではありませんでしたが、整備に力を入れたコンスタンティノープルはオスマン帝国の支配を経て、現在はトルコ最大の都市イスタンブールとして繁栄しています。情熱を注いだ『ローマ法大全』は、今も世界中の法律を支えています。

こうした文化的な功績をもって、この皇帝の名声は現代にまで届いているのです。

太宗

部下の諫言に耳を傾けた世界皇帝

隋に続いて中国の統一王朝となった唐。隋がわずか37年で崩壊したのに対し、唐は289年もの長きにわたって繁栄を続けた。その礎を築いたのが、李世民《りせいみん》こと2代皇帝・太宗である。

若いころは軍略家として父を助け、皇帝となってからは内政・外政の両面で優れた手腕を発揮した。その転機には自身も汚点と認める骨肉の争いがあり、太宗は負のイメージを払拭すべく、民衆のための政治に邁進していくのである。

〔生没〕598年～649年
〔在位〕626年～649年

唐

決起をためらう父の背中を後押し

中国大陸では、始皇帝から清の滅亡まで数々の王朝が勃興し、数多の皇帝による政治が行われてきました。その中でも、中国史上屈指の名君として真っ先に名前が挙げられる一人が、太宗（李世民）です。

世民は、隋の文帝（楊堅《ようけん》）の治世下である598年、太原《たいげん》という重要都市を任された李淵《りえん》（のちの初代皇帝、高祖）の二男として生を受けました。

中国大陸は紀元前220年の後漢の滅亡後、三国時代、晋時代、南北朝時代を経て、隋により統一されました。南北朝時代はいくつもの王朝が林立し、その一つである西《せい》魏《ぎ》の大将軍だったのが、李淵の祖父である李虎《りこ》です。

李虎は武川鎮《ぶせんちん》（現在の内モンゴル）の出身と伝わります。文帝の父である楊忠も元は武川鎮を守備する名門軍閥の出身であり、李氏と隋王室はどちらも鮮卑・北族系、あるいはそれに近い漢族であるとみられています。

加えて、李淵の母と文帝の妻は姉妹でした。つまり、李淵は隋の2代皇帝・煬帝《ようだい》の従兄弟にあたります。こうした出自や血縁から、李淵は皇帝の名代として太原を守備する要職を任されていたのです。

煬帝が圧政を敷いていた隋末期は各地で反乱が続発していました。李淵は反乱を鎮圧する立場にありましたが、617年にみずから隋に反乱を起こします。このとき、なかなか決断しない李淵を後押ししたのが世民でした。

当時の経緯として次の逸話が伝わっています。太原に置かれた離宮には、煬帝の来訪に備えて美しい宮女が何人も暮らしていました。世民は離宮の役人と計り、宮女たちを周囲に侍らせて李淵に酒を飲ませます。これは皇帝の臣下にあるまじき行為であり、後戻りできなくなった李淵はついに隋への反乱を決断したそうです。ただし、この逸話は太宗が編集させた『高祖実録』にあり、父の優柔不断と自身の果断を実像以上に強調して書かせたという見方があります。

兄弟を殺して手にした次期皇帝の座

李淵は反乱軍を率いて隋の首都の長安へと進軍し、煬帝の孫である恭帝（楊侑《ようゆう》）の

隋と唐の関係図

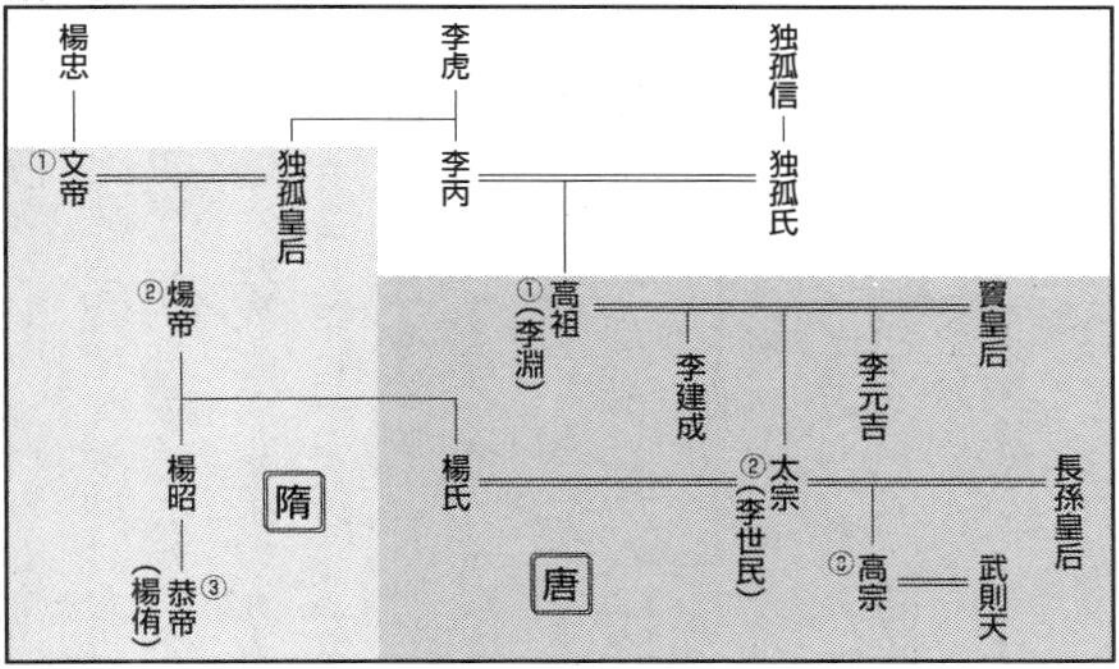

身柄を押さえました。なかば強引に煬帝から恭帝に譲位させ（当時の煬帝は揚州に逃れていた）、李淵自身は帝を補佐する唐王の座に就きました。618年には煬帝が家臣に殺害され、恭帝から李淵（高祖）への政権委譲がなされます。こうして唐王朝はスタートしました。

唐が覇権を確立する過程で世民が果たした役割は軍勢の指揮であり、その戦術は主に次のようなものであったと伝わっています。

まずは侵攻目標の近くに砦を築き、そこに籠って砦を包囲した敵軍の消耗を待つ。そして敵の気力が衰えたところを見計らって砦を出て一斉攻撃を仕掛ける。このように持久戦と突撃を巧みに使い分けながら、割拠する対抗勢力を蹴散らしていったのです。

目覚ましい活躍で父を助けた世民の声望は日増しに高くなっていきます。しかしそれを快く思わない人物がいました。世民の実兄の建成《けんせい》です。皇太子の座を奪われることを危惧した建成は、末弟の元吉《げんきつ》と共謀して世民の暗殺を計画するも、企ては世民に知られ、626年に二人は長安の宮殿に参内する途上で殺害されました（玄武門の変）。高祖ももはや世民の行動に口を挟むことはできず、事件から2カ月後に退位します。唐王朝の2代皇帝・太宗はこうして誕生したのです。

なお、『高祖実録』や『太宗実録』には建成や元吉の悪事が記録されていますが、太宗の行為を正当化するために誇張されているとも考えられます。同様に高祖の退位については、世民に幽閉されたうえで帝位を簒奪されたとする説もあります。

徳川家康も愛読した『貞観政要』

肉親を殺して帝位に就くことは、歴史上必ずしもめずらしいことではありません。とはいえ、そのようにして帝位に就いた人物が名君の評価を得ることはそうありません。太宗は兄を殺して帝位を奪ったことを生涯気にかけていたそうです。

中国では、たとえ為政者であっても自身の業績が記された歴史書を改竄することは許されず（その分、自分以外の人物を悪し様に書くことはあるようですが）、太宗は兄弟殺しという汚点を払拭するかのように、善政に努めました。

前王朝である隋の制度は、概ね唐でも引き継がれ、官僚クラスの公務員試験にあたる「科挙」は制度の一部を改善したうえで実施されました。官吏登用において貴族が優位であることに変わりはありませんでしたが、制度上は身分を問わず官吏への道が開かれたのです。

太宗は有能な人材を積極的に登用して行政の主体となる「三省六部《さんしょうりくぶ》」を整備し、律令国家の確立と中央集権体制の強化に努めます。加えて民衆の負担となる賦役《ぶえき》や刑罰を軽減し、また均田制や租庸調制の導入によって税体系を刷新しました。

こうした内政手腕もさることながら、太宗を語るうえで欠かせないのは、名君との評価の元となった政治姿勢でしょう。太宗は決して独善的にならず、決めごとの際にはつねに家臣の声に耳を傾けました。

このような逸話が残っています。2代皇帝となって間もない太宗は、側近である房《ぼう》玄齢《げんれい》と魏徴《ぎちょう》に尋ねました。「創業と守成ではどちらが困難であろうか」――つまり、新たに国を開くのと、国を長く続かせるのはどちらが難しいかという問いかけです。

古くから太宗に仕える房玄齢はこの問いに創業と答え、比較的新しい側近である魏徴は守成と答えました。太宗はしばし考え込んだあと、「建国の過程で私と苦難をともにした玄齢の意見はもっともである。一方で魏徴は私の気が緩むことを心配し、守成と答えたのであろう。今後は二人の意見をよく聞いて守成の道を歩むつもりだ」と答えたそうです。

魏徴は建成の部下でしたが、実直な人柄を好んだ太宗によって側近に取り立てられました。率先して太宗に諫言する役割を担っていたとされ、唐王朝では皇帝に忌憚なく意見する諫官《かんかん》という役職が設けられていました。

民衆本位の政治で社会に安定と繁栄をもたらした太宗の治世は、当時の年号をとって「貞観《じょうがん》の治《ち》」と呼ばれています。

また、先の逸話をはじめとする太宗と側近たちとの問答は、太宗の死後に『貞観政要』という書物にまとめられ、日本では源頼朝や徳川家康などの為政者が治世の参考にしていました。

異民族から贈られた世界皇帝の称号

太宗の外交面の業績には、シルクロードを介した西方諸国との交易が挙げられます。当時の唐は北方のトルコ系遊牧民からなる東突厥と敵対していました。630年に太宗は内紛に乗じて東突厥を滅ぼし、従属下にあった諸部族を唐の支配下に置きます。その後は現在の新疆《しんきょう》ウイグル自治区やチベット自治区の一帯にも軍勢を派遣し、高昌《こうしょう》、焉耆《えんき》、亀茲《きじ》などシルクロードの要衝であるオアシス国家を相次いで勢力下に組み入れました。遊牧民からも皇帝として認められた太宗は、世界皇帝を意味する「天《てん》可汗《かかん》」の称号を得ました。天可汗はテュルク語・モンゴル語の「テングリ・カガン」のことで、テングリは「天」を、カガンは「君主」を意味します。

唐の西方の支配圏はカスピ海付近にまで達し、国内にはアラビア、ペルシア、さらにはローマ帝国からも文物がもたらされるようになります。この時期は世界史上、東西の交流が最も活発であり、唐は経済的、文化的に飛躍を遂げました。8世紀の長安は、100万人もの人口を抱える世界最大の都市であったとみられています。

日本との交流が活発化

当然のことながら唐の影響は日本に及んでいます。朝廷は630年から十数度にわたって遣唐使を派遣し、彼らが持ち帰った知見をもとに、大宝律令や公地公民制など国の骨格を成す諸制度を構築しました。また、平城京や平安京は唐の都である長安をモデルにしています。そのほかにも仏教の経典や楽器、薬、暦学など、遣唐使が日本にもたらした文物や技術は多岐にわたります。

西域支配に成功した太宗でしたが、東方外征では芳《かんば》しい成果を挙げられませんでした。当時の朝鮮半島は高句麗《こうくり》、百済《くだら》、新羅《しらぎ》が鼎立し、百済と手を結んだ高句麗が新羅を圧迫していました。

644年、新羅から救援の要請を受けた太宗は重臣の反対を押し切って高句麗への出兵を決めます。のちにみずから戦地に赴いて指揮を執りましたが、高句麗軍にことごとく防がれ、撤兵を余儀なくされました。この高句麗遠征は太宗の数少ない失政といえるでしょう。

7世紀後半の唐の領土

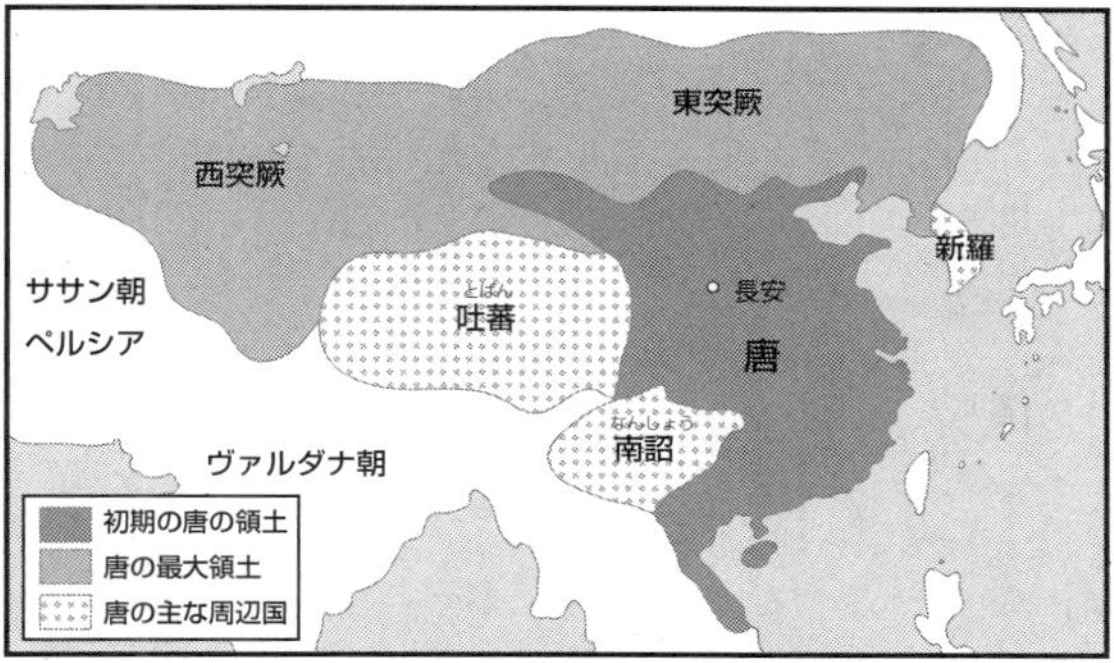

西域の国々を征服することで、唐と西方とを結ぶルート、いわゆるシルクロードを通じて商業が活発化、東西の文物が往来した。

ところで、シルクロードを通って他国へ渡った唐代初期の人物に、『西遊記』に登場する三蔵法師のモデルとなった玄奘《げんじょう》がいます。仏教の研究のためマガダ国（現在のインド東部）へ渡った玄奘は現地で梵語《ぼんご》（サンスクリット語）を習得し、657部もの経典を唐に持ち帰りました。

唐以前の王朝では仏教、道教、儒教のいずれかを偏重して国策に用いていましたが、太宗はこのいずれも尊重し、玄奘と面会した際も玄奘の仕事を国家として支援することを約束しました。

玄奘は天竺から持ち帰った経典の翻訳に残りの人生を捧げ、仏教文化の伸展に多大な貢献をしたのです。

唐の一時的な滅亡

晩年の太宗は後継者問題に頭を悩ませていました。正室である長孫《ちょうそん》皇后との間には承乾《しょうけん》、泰《たい》、治《ち》という3人の息子がいましたが、承乾は素行に、泰は性格に難があり、治が3代皇帝・高宗となります。しかし、高宗はその温厚な性格が災いし、やがて自身の后である武照《ぶしょう》に権力を牛耳られてしまいます。

この武照こそがのちの武則天であり、日本では則天武后として有名です。もとは太宗の側室でしたが、聡明であったために「武氏が李氏に代わって天下を取る」と噂され、太宗の寵愛を受けることができませんでした。そのころから治は武照に目をつけており、太宗の死後に周囲の反対を押し切って側室にしました。

やがて正室までのぼりつめた武照は、秘めていた野心をむき出しにします。高宗の死後に皇位を継いだ実子の中宗（顕《けん》）と睿《えい》宗（旦《たん》）を相次いで廃位させると、690年に皇帝に即位し、国号を「周」と改めました。中国史上で女性が皇帝となったのはこの一例だけです。一般に武則天は悪女の代表格とされていますが、周の時代、国内は比較的安定しており、現代では為政者としての力量を評価する声もあります。しかしながら武氏の天下は一代限りで終わり、政権は再び李氏の手に戻りました。

その後は6代皇帝の玄宗（隆基《りゅうき》）が貞観の治を手本にした政治を行い、「開元の治」と呼ばれる再興期をもたらしました。ところが、玄宗は治世の後半で后の楊貴妃におぼれ、楊氏一族を優遇したために貴族間での争いが激化します。755年に勃発した安史の乱の結果、「節度使」と呼ばれる地方軍閥が力を持つようになります。唐の中央集権体制は崩壊に向かい、907年の滅亡へと至るのです。

太宗在位時の元号である貞観は22年にわたって続きました。些細な異変をきっかけとして数年おきに改元していた唐にあって、これほど長い間同じ元号が使われたのは異例です。後世において、政治家で歴史家でもある司馬光《しばこう》が編纂した歴史書『資治通鑑《しじつがん》』は、この時代の社会の様子を「天下太平で、道に置き忘れたものが盗まれることはなく、外出時も戸締まりが不要で、旅の商人は野宿ができた」と記したほどです。

歴史書に書かれた人物像を鵜呑みにはできませんが、太宗によって唐に安定と繁栄がもたらされたことは事実で、民衆は平和を謳歌しました。だからこそ、国内外の多くの為政者がその治世を手本としたのです。

カール大帝

「ヨーロッパの父」が重視した教会と学校

5世紀に西ローマ帝国が解体されて以降、小国分立の混乱状態だった西欧は、8世紀後半から9世紀はじめにかけて活躍したフランク王国のカール大帝によって再統一された。

「ヨーロッパの父」と呼ばれているカールの業績の本領は、軍事的な領土の再編にとどまらず、カトリック教会を保護して、古代ローマ帝国の共通語であったラテン語によるキリスト教文化を広めた点にあった。それは、後世の西欧に何を残したのか。

〔生没〕742年～814年

〔在位〕768年～814年

フランク王国

王位簒奪の正統化のため領土を寄進

476年に西ローマ皇帝の位が廃止されて以後の西欧では、形式上はローマ帝国の行政制度と各地の教会組織が存続していましたが、西ゴート王国、ブルグンド王国などゲルマン族の小国が乱立していました。481年には、ガリア地方（現在のフランス）の北部で、フランク族のクローヴィスがメロヴィング朝を創始します。

フランク族は、ガリア全住民のうち約5％しかいない少数派だったので、クローヴィスは支配を円滑にするため、キリスト教に入信して教会と連携しました。

8世紀に入るとメロヴィング家は衰え、臣下のカロリング家がフランク王国の実権を握ります。732年、カロリング家のカール・マルテルは、西欧に侵攻してきたウマイヤ朝のイスラーム勢力を、ガリア西北のトゥール・ポワティエ間の戦いで破って武名をとどろかせました。

カール・マルテルの子であるピピンは、751年に主君のキルデリク3世を退位させ、みずから即位し、カロリング朝を創始します。王位の簒奪を正当化するため、ピピンはローマ教皇を中心とする教会の支持をとりつけ、返礼として教皇庁にイタリア半島北西部を支配していたランゴバルド王国から奪った領土を寄進しました。これが、のちに西欧各地に広まる教会領のはじまりです。

フランク族には領地を分割相続（男子均一相続）する慣習があったので、768年にピピンが死去すると、その子であるカールとカールマンの兄弟が領土を2分して継ぎました。

兄弟の間には対立があったようですが、771年にカールマンは急死し、弟の臣下の同意を取りつけたカールは、単独の王として安定政権を手に入れます。

偶然のように演出された戴冠

カール大帝のフルネームは、ただの「カール」です。「大帝」という尊称を含めて、フランス語では「シャルルマーニュ」、ドイツ語では「カール・デア・グローセ」と呼ばれます。

カールの属したカロリング王家の名は、そのまま「カールの一族」を意味しますが、

フランク王国の系図

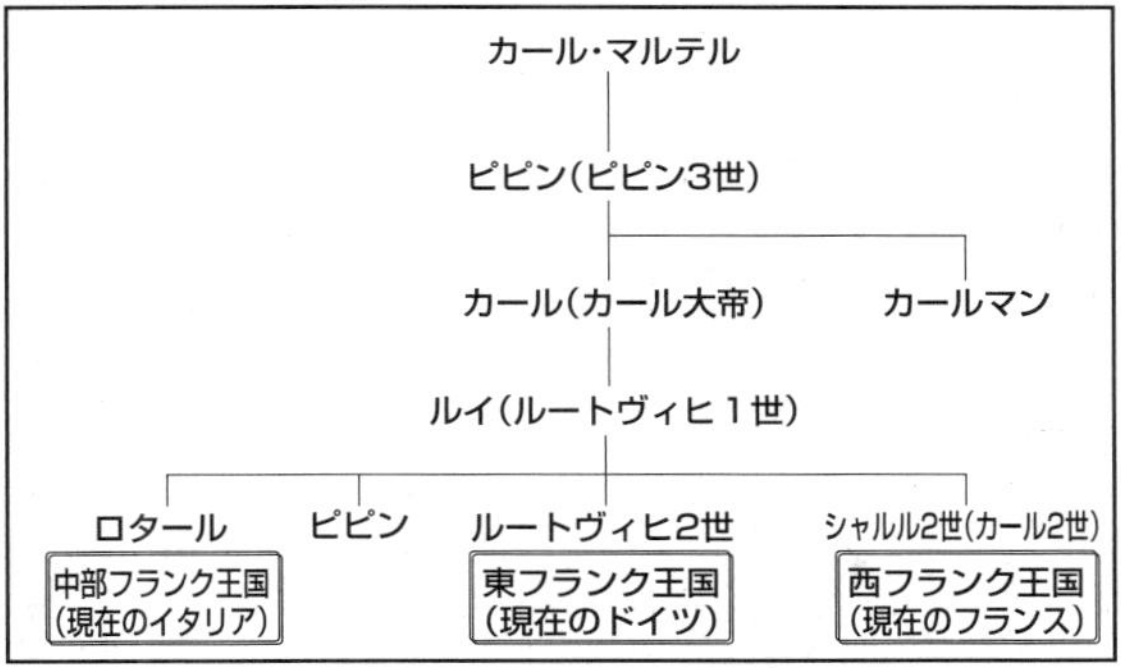

カール大帝自身ではなく、その祖父であるカール・マルテルの名が由来です。

　カールの治世の大部分は、西欧各地の戦争に追われました。774年にはランゴバルド王国を征服し、778年にはイスラーム教徒のウマイヤ朝に支配されたイベリア半島に遠征します。戦果は不十分だったものの、ウマイヤ朝の支配地へにらみを効かせるため、イスパニア辺境区を設置しました。

　とりわけ強敵だったのが、現在のドイツ北部に住むサクソン人でした。彼らには中心となる王がおらず、少数部族による抵抗運動が続いたためです。

　やがてカールは、大ブリテン島（現在のイギリス）、イベリア半島を除き、旧西ローマ帝国の大部分を支配します。東ローマ帝国（ビザンツ帝国）の皇帝コンスタンティヌス6世は、有力者となったカールの娘ロトルードとの縁組を提案しますが、カールが手放すのを渋ったのか、実現しませんでした。カールの家族関係をみると、妻と妾は合わせて9人にも及び、18世紀のイギリスの歴史家ギボンの『ローマ帝国衰亡史』によれば、貞潔とはいえなかったようです。

東ローマ帝国と距離を置く一方、カールが密接な関係を持ったのがローマ教皇を中心とする教会です。当時、東ローマ帝国ではコンスタンティノープルに拠点を置く東方正教会が有力でした。コンスタンティノープルとローマとの間には、教義の解釈や布教方針の違いをきっかけに溝が生まれていました。

726年に東ローマ帝国の皇帝レオ3世が発布した「聖像禁止令」をきっかけに、東西の教会は対立を深め、教会はカールに保護を求めます。西ローマ帝国が解体されて以降、西欧では司教がいない地域もありましたが、カールはフランク王国の全土に司教を配置しました。

800年のクリスマス（12月25日）、ローマを訪れたカールは、教皇レオ3世によってローマ皇帝に戴冠されました。伝説では、カールが教会でひざまずいて祈っていると、その頭にローマ教皇が王冠を載せ、群衆が歓呼して祝ったとされています。しかし、じつはこの前年、レオ3世は教皇庁の内紛で一時的にローマを追われた際、カールに助けられており、両者の間には帝位についての内意があったようです。

アルファベットの小文字は王国が広めた

カールの業績の中でも、後世に対して大きな意義を持つのが、「カロリング・ルネサンス」と呼ばれた文化振興の施策です。

785年、カールは神学者のアルクイヌスに宮廷学校を設立させます。カールは王都アーヘンに定住せず、各地を転戦するのが通例だったため、カールの移動先がそのまま教室になりました。当時は王族でも読み書きのできる者は少数でしたが、この学校には貴族ばかりでなく庶民の子どもも通わせ、成績優秀ならば身分にかかわらず重用しました。また、各地の聖堂や修道院にも聖職者養成の学校を創設させています。

アルクイヌスは、海を隔てた大ブリテン島の出身です。このほかイスラーム教徒の勢力圏からの亡命者や、イタリア半島など、さまざまな地域から人材が集まりました。

彼らを結びつけた共通の教養は聖書で、カールのことをダビデと呼ぶなど、たがいに聖書の登場人物の名をニックネームにしていたそうです。

宮廷学校では、歴史や天文学、さらには建築学や戦術論など、さまざまな分野が教えられていました。中心にあったのはラテン語です。フランク王国は、フランク族、サクソン族、ローマ人の末裔、南欧のゴート族などを抱えた多民族国家でした。これらを束ねるためラテン語が共通語とされたのです。ちなみに、東ローマ帝国ではラテン語ではなくギリシア語が公用語となり、しだいに西欧との文化の断絶が進みました。

それまで2000点しかなかったギリシア・ローマ時代の書物の写本が、カール大帝の即位後は新たに8000点もつくられました。この過程で書体と筆記法が統一されます。アルファベットの小文字は、カールの治世につくられたものです。

東西ローマ帝国の再統一ならず

5世紀に西ローマ皇帝が空位になって以降、自分たちこそが「ローマ帝国」だという認識だった東ローマにとって、カールの戴冠は不愉快なできごとでした。

このころ、東ローマ帝国では幼少の皇帝コンスタンティヌス6世に代わり、その母イレーネが実権を握って事実上の女帝となっていました。教会はこれを認めず、皇帝を空位と見なしていました。イレーネは東ローマ帝国内でも政敵の多い不安定な立場だったので、カールとイレーネの結婚による東西帝国統一案も持ち上がりましたが、イレーネの失脚によって立ち消えになります。

802年、新たに東ローマ皇帝に即位したニケフォロス1世は、カールの戴冠を認めないことを宣言します。これによってフランク王国との間で戦争が起こります。カールは東ローマ帝国の勢力圏にあったアドリア海に面するヴェネチア、ダルマチアを占領しますが、のちに返還し、代わりに皇帝を名乗ることを認められました。

こうして実現したカールによる西欧の再編を、ベルギーの歴史家ピレンヌは、イスラーム勢力が地中海沿岸を支配したことで西欧が東ローマ帝国から切り離された結果と見なし、「ムハンマドなくしてカールなし」と評しました。

ただし、カールは東ローマ帝国を牽制するため、イスラーム勢力のアッバース朝と外交関係を結び、戦争で得た捕虜を奴隷として輸出するなどの交易活動を盛んに行ったほか、中東のイェルサレムへのキリスト教徒の巡礼を認めさせます。

カールの宮廷学校には東ローマ帝国の勢力圏だった地域からも人材が集まり、必ずしも当時の西欧は外部から孤立していたわけではありません。

再分裂後も残った共通文化

813年、カールは息子のルイ（ルートヴィヒ1世）を共同統治者として戴冠させます。カールは、この翌年に死去しました。さらにルートヴィヒ1世の没後、843年の「ヴェルダン条約」によって、フランク王国の版図は3分割されます。長兄のロタールは中部フランク王国、三男のルートヴィヒ2世は東フランク王国、末弟のシャルル2世（カール2世）は西フランク王国を相続しました。さらにロタールの没後、870年の「メルセン条約」によって中部フランク王国の北部が東西フランク王国に再分割され、残った南部はのちのイタリアに、東フランク王国はのちのドイツ、西フランク王国はのちのフランスの原形となります。

ちなみにEUを運営する欧州連合理事会の本部は、1995年までベルギーのブリュッセル市内にある「シャルルマーニュ・ビル」という建物に置かれていました。

ヴェルダン条約ごろのフランク王国

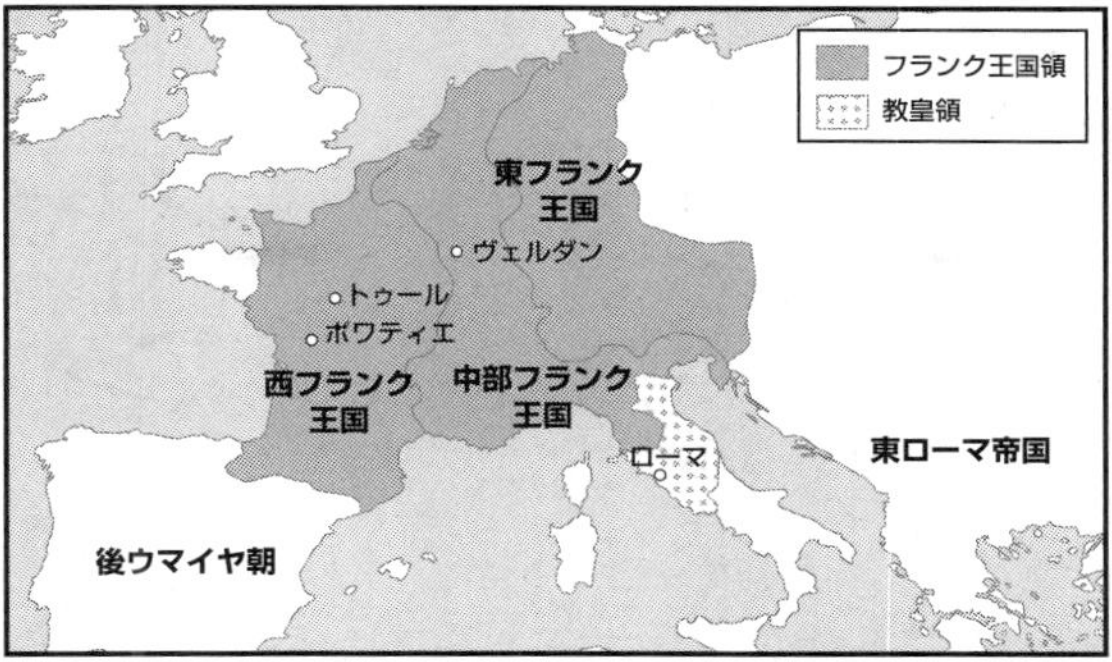

ヴェルダン条約に続く、メルセン条約によって東フランク王国、西フランク王国、そしてイタリア王国と3カ国が誕生した。

多民族国家だったフランク王国は、まさ今日のEUの原形といえるでしょう。

西欧が再統一されたのはカールとルートヴィヒ1世の2代、数十年のみです。とはいえ、この間にラテン語とキリスト教という共通文化によって、西欧の諸民族に統一意識がもたらされました。そして、日曜日は仕事を休んだり、教会で結婚式を挙げるなどキリスト教の習慣が広まりました。

その一方で、カールはザクセン族などの征服した地域の人々をキリスト教に改宗させても、固有の文化は残しました。カールのローマ皇帝戴冠は、単なる西ローマ帝国の復活ではなく、ゲルマン人による新しい西欧文化圏の成立を象徴するものでした。

ハールーン・アッラシード

東西を結んだ「正道を行く者」

北アフリカから中東、東南アジアに至る現在の広範なイスラーム圏は、約16億人もの人口を抱える。その礎を築いたのが、国境なき遊牧民であるアラブ族の交易商人によって、東洋と西洋を結びつけたアッバース朝だ。

『千夜一夜物語（アラビアンナイト）』にも登場するハールーン・アッラシードは、アッバース朝に最盛期をもたらした。その治世では東ローマ帝国から吸収したギリシア文化を多くの文献に残し、のちには中東のみならず西欧での学芸の発達にも大きな影響を与える。

〔生没〕763年〜809年
〔在位〕786年〜809年

アッバース朝

奴隷も異民族も受け入れた王朝

中世にあたる7～15世紀は、西欧よりもイスラーム圏のほうが経済力、軍事力、文化の豊かさのいずれにおいても優位でした。8世紀、中東のアッバース朝と外交関係を結んだフランク王国のカール大帝（シャルルマーニュ）は、生きた象、香辛料、香油などの献上品を贈られ、その量に「東方が空になり、西方がいっぱいになった」と思うほど驚いたそうです。この豪華なプレゼントで西欧を圧倒する力を見せつけたのが、アッバース朝最盛期のカリフであるハールーン・アッラシードです。

中東では3～6世紀、ササン朝ペルシア帝国が栄華を誇り、アラビア半島に住むアラブ族はササン朝支配下の一勢力にすぎませんでした。しかし、610年に交易商人のムハンマドがイスラーム教を創始し、イスラーム教団はアラブ族を中心とする国を築きます。

ムハンマドの後継者は「カリフ」と呼ばれ、4代目までは合議で決定されましたが、661年にはウマイヤ家がカリフを世襲するウマイヤ朝が成立しました。このとき、

クライシュ族の系図

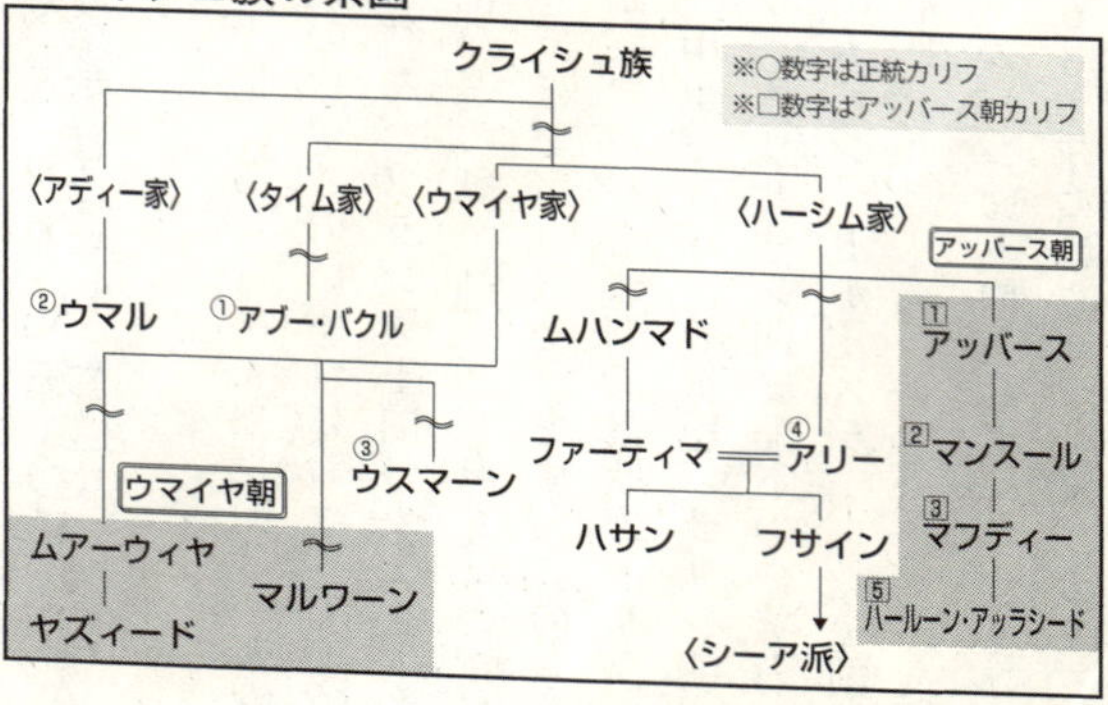

イスラーム教団の主流であるスンナ派から、第4代カリフのアリーの一族を支持するシーア派が分離し、のちにペルシアはシーア派が国教となります。

イスラーム教では信徒間の平等を掲げていましたが、ウマイヤ朝はアラブ族中心主義をとったため、ペルシア人など非アラブ族の反発が高まり、750年にウマイヤ朝は倒れ、アッバース朝が成立します。

アッバース家はムハンマドの叔父にあたる子孫の血筋で、アッバース朝第2代カリフとなったマンスールは、母親が北アフリカ出身の奴隷だったことから、アラブ族中心主義を廃止して多民族の協調をはかりました。また、ウマイヤ朝の首都ダマスカスに代わり、ティグリス川の河畔《かはん》に円形の城壁を持つ計画都市のバグダードを建設し、首都にします。

『千夜一夜物語』にも登場

ハールーンは、アッバース朝第3代カリフであるマフディーの三男で、マンスールと同じく母親は元奴隷でした。イスラーム教では奴隷を自由な身分にすることを美徳とする慣習があり、奴隷から出世した人物が多数いますが、ハールーン自身は従姉妹のズバイダを王妃に迎えることでマンスールの血統を強調しました。

ハールーンは東ローマ帝国（ビザンツ帝国）軍との戦闘で戦果を挙げ、「アッラシード（正道を行く者）」の称号を授かりました。父の死後は兄のハーディーが跡を継ぎましたが、兄の急死により第5代カリフの座に就きます。

中世期の中東各地の民話を集めた『千夜一夜物語（アラビアンナイト）』は、最盛期のアッバース朝を舞台にした話が少なくありません。この中で、ハールーンが大臣のジャアファルと太刀持ちのマスルールの二人を連れ、庶民のトラブルに首を突っ込むという展開がたびたび出てきます。『千夜一夜物語』はフィクションですが、お供の二人も実在の人物でした。

ハールーンは内政にあたって、名門バルマク家のヤフヤーを宰相としました。このヤフヤーの息子で、同じくハールーンに仕えたのがジャアファルです。ペルシア出身のバルマク家を重用したことは、アラブ族のみが権力を独占しないアッバース朝の性質を反映していたといえます。しかし、バルマク家は大きな権勢を持ちすぎたため、803年に粛清され、太刀持ちのマスルールが刑を執行したともいわれています。

ハールーンは、797年、803年、806年の3度にわたり、東ローマ帝国への遠征で勝利を収めました。

同時期、フランク王国のカール大帝は東ローマ帝国と対立していたため、アッバース朝と友好関係を結びます。フランク王国では、ローマ帝国の金貨に加え、アッバース朝から入ってきた銀貨が大量に流通しました。

世界最大級の国際都市の栄華

ハールーンが即位したころ、首都バグダードは、アラブ人のほか、ユダヤ人やペル

アッバース朝の領土（9世紀）

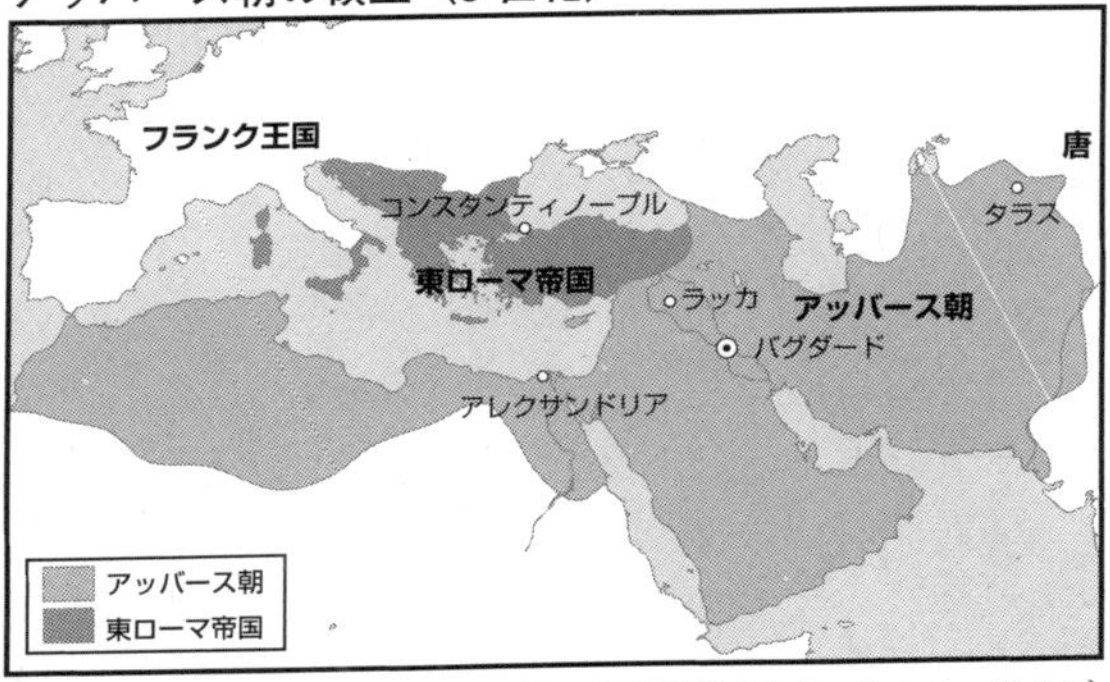

東西に版図を拡大したアッバース朝は多民族国家となったため、アラブ族とそれ以外の部族との融和がはかられた。

シア人、北アフリカのベルベル人などが行き交う国際都市で、人口は100万〜200万人にも及んだと推定されています。同時期、東ローマ帝国の首都コンスタンティノープルの人口は約30万人、パリやローマは10万人未満でした。中世のバグダードは、唐の長安と並んで、世界最大級の都市だったといえます。

796年にハールーンは自分の居城を現在のシリア北部のラッカに移しましたが、引き続きバグダードは行政と商業の中心地として大いににぎわいました。

当時のアッバース朝に繁栄をもたらしたのが、東西を結ぶ交易ネットワークです。アラブ族の商人は北アフリカ、地中海、インド洋、中央アジアで活動し、唐の広州にも居留地を築きました。バグダードには東方からシルクロードを通じて絹、陶器、紙などが流入して東ローマ帝国などの西方に輸出され、西方からは香料、ガラス製品などがもたらされ、東方に輸出されました。

751年、中央アジアではタラス河畔の戦いでアッバース朝と唐の軍勢が衝突しました。このとき捕虜の唐人から麻を原料とする製紙法が伝わり、先に触れたジャアファルの兄ファドルが公文書をパピルスや羊皮紙から紙に切り替えさせたといわれています。これにより書物が大量生産され、ハールーンはエジプトのアレクサンドリア図書館が所蔵する東ローマ帝国の天文学、数学、建築学、哲学、医学などの文献をアラビア語に翻訳させるなど、文化の振興をはかりました。その成果はのちにバグダードに築かれた「知恵の館」にまとめられます。

ルネサンスの下地が整えられた

ハールーンの在位中を含め、8〜9世紀のアッバース朝は繁栄を謳歌しましたが、広大な領土ではしだいに各地方が独立傾向を見せるようになりました。10世紀には北アフリカにファーティマ朝、イベリア半島に後ウマイヤ朝が成立し、アッバース朝も含めて3人のカリフが同時に並び立つ状況になります。

11世紀に入ると、西欧諸国が中東への十字軍戦争を仕掛け、たびたびアッバース朝やファーティマ朝に侵攻してくるようになりました。これに前後して、中央アジア出身のトルコ族によるセルジューク朝、第3回十字軍を撃退したクルド族出身のサラディン（サラフ・アッディーン）が創始したアイユーブ朝など、非アラブ系のイスラーム王朝が中東の各地に乱立します。13世紀には東方からフラグの率いたモンゴル軍が侵攻してきて、ついに1258年にアッバース朝は滅亡しました。

その後も16世紀まで、地中海とインド洋の交易網を握るイスラーム圏の西欧に対する優位は続きます。ハールーンの治世に紙の書物が普及したことで中東に保存された古代ギリシアの学術は、のちに西欧に逆輸入されてルネサンスの下地となり、ヨーロッパ史に大きな影響を与えます。

シルクロード貿易を通じての東西文化の仲介者という面でも、北アフリカから東南アジアまで多くの民族を含む広範なイスラーム文化圏の礎を築いた面でも、最盛期のハールーンが世界に与えた影響は計り知れません。

アルフレッド大王

ヴァイキングを撃退した礼節ある傑物

現在のイギリスにあたる大ブリテン島は、有史以来、さまざまな民族が海を渡ってやってきて、入れかわり支配者となっていく。ヴァイキングの脅威にさらされた9世紀に現れたのが、アルフレッド大王だ。

アルフレッドは、軍事的な成功を収めたのに加え、法律や教育の整備にも力を入れ、イングランドという国の根幹を固めた。

アルフレッドが、単なる「王《キング》」でなく「大王《グレート》」たる由縁を探っていく。

〔生没〕849年～899年
〔在位〕871年～899年

ウェセックス王国

ローマ帝国とゲルマン人の侵入

ユーラシア大陸の北西、北海沖に位置する大ブリテン島とアイルランド島の一部からなる島国を、日本人は「イギリス」と呼びます。このイギリスは「イングランド」「ウェールズ」「スコットランド」「北アイルランド」などからなる連合国家であり、正式名称を「グレートブリテン及び北アイルランド連合王国」といいます。

大ブリテン島は日本と同じ島国ですが、大陸との最短距離は30数キロメートルしかなく、古代から他民族の侵攻を受けてきました。そして、9世紀にヴァイキングの襲撃を退け、名声を高めたのが、アルフレッド大王です。

古代の大ブリテン島には、ブリトン人が暮らしていました。イングランド南部に位置するストーンヘンジ遺跡は、ブリトン人の手によるものとされ、紀元前2500〜紀元前2000年の、新石器時代につくられたと考えられています。

紀元前650年ごろになると、中央ヨーロッパから大ブリテン島にケルト人がやってきて、砦を築いて住み着きます。ケルト人は金属武器や戦車を使用する一方、文字を持たず、ドルイドという祭司を中心に自然を信仰していました。

そんな中、大陸で勢力を拡大させたローマ帝国が大ブリテン島に変化をもたらします。前55年、前54年の二度にわたって共和政期のローマの将軍として、カエサルが侵攻します。その100年後の紀元43年には、帝政へと移行していたローマが大ブリテン島の南部を属州としました。

ローマ帝国は、テムズ川の北岸のロンドンを中心に支配しました。都市部には法廷や上下水道、浴場などがつくられ、現地人はローマ人と同化していきます。

ところが4世紀末、いわゆる「ゲルマン人の大移動」により、アングロ人やサクソン人、ジュード人が大ブリテン島に侵入します。これに抗えなくなったローマの駐留軍は407年に大陸へと完全に撤退します。その後、アングロ人らは大ブリテン島に七つの王国を建て、ケルト人を支配します。

七王国とは、島北部のスコットランド低地にアングロ人が建国した「ノーサンブリア」「マーシア」「イースト・アングリア」、南部にサクソン人が建国した「エセックス」「サセックス」「ウェセックス」、南東部にジュード人が建国した「ケント」の7つです。

七王国はたがいに争い、やがてマーシアとウェセックスが優位となりました。

アルフレッド大王登場までのイギリス史

時代	できごと
BC2500~BC2000年	ブリトン人によってストーンヘンジがつくられる。
BC700年ごろ	大陸からケルト人が移り住む。
BC55年・54年	カエサル率いるローマ軍の侵攻を受け、ケルト人が服属。ローマがケルト人をブリトン人と呼ぶようになる。
43年	ローマ皇帝クラウディウスが大ブリテン島南部を帝国の属州とする。
120年ごろ	ローマ皇帝ハドリアヌスが大ブリテン島を横断する壁を建造。のちに長期にわたって、南部イングランドと北部スコットランドの境界となる。
407年ごろ	アイルランド人やサクソン人の侵攻により、ローマ帝国が大ブリテン島における属州を放棄する。
7世紀ごろ	ゲルマン系のアングロ・サクソン人によって、大ブリテン島南部に7つの王国（七王国）が成立する。

アングロ・サクソン七王国の各領土

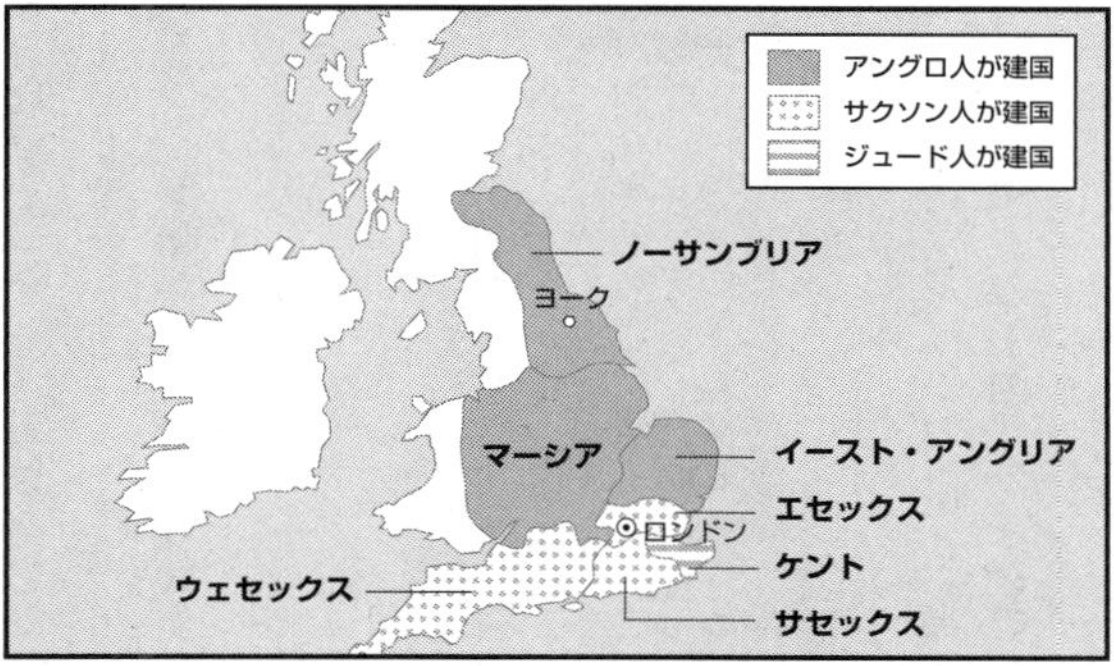

七王国はたがいに争った結果、ウェセックスが最も優勢となり、ヴァイキングの襲来に対して主導的な立場をとるようになる。

829年にウェセックス王エグバードがマーシアを攻撃し、テムズ川以南を支配したときをもって、イングランド王国が成立したと考えられています。

なお、イングランドとは「アングロ人の土地」という意味から名づけられました。

ヴァイキングとの攻防と和議

8世紀末、大ブリテン島に新たな侵略者が現れます。現在でいうノルウェーやデンマークからやってきたヴァイキング（デーン人）です。

当初ヴァイキングは、沿岸を船団で襲撃すると占領せずに故郷に帰っていました。そのうち、アイルランドのダブリンや大ブリテン島のヨーク、大陸側のルアンに住み着き、これらを拠点とします。

ヴァイキングは865年に、イングランドに本格的に侵攻してきます。馬を用いた戦いに不慣れだったこともあり、イースト・アングリアとノーサンブリアは瞬く間に占領されます。当時、七王国は4つに統合されていたため、残る王国はマーシアとウェセックスとなりました。

そのウェセックスもヴァイキングの襲撃を受けて領土の大半が失われます。この苦境の中で、871年、ウェセックス王に即位したのが、エグバードの孫であるアルフレッドでした。

王となったアルフレッドは、イングランド奪還のために、まず軍事力を強化します。ヴァイキングにならって馬を活用した機動力を確保し、各地に砦を建設しました。さらに周辺の農民を徴用し、半年交代の軍務を課します。自身の娘を嫁がせることで、長年のライバルであったマーシアとは同盟を結びました。

軍備を整えたアルフレッド率いる王国連合軍は、ヴァイキングと一進一退の攻防をくり広げ、その過程でマーシアは滅亡してしまいます。

しかし、878年のエディントンの戦いにおいて、アルフレッドはヴァイキングに大勝利を収めます。886年には、エセックス王国の主要都市だったロンドンを奪還しています。そして、ヴァイキングとの間に「ウェドモーアの和議」を結び、ヴァイキングが北側のデーンロウ地方（ロンドン北方からヨークの南付近まで）、アルフレッドはその南側を統治することになりました。アルフレッドの勝利は、イングランドを滅亡の危機から救ったのです。

逸話からみえる大王の人柄

さて、イギリスでよく知られているアルフレッドにまつわる逸話があります。それは、ヴァイキングとの戦いで敗北し、逃亡している際のできごとです。

とある農家に身分を隠して潜んでいたアルフレッドは、農家のおかみさんから焼いているパンの焼き加減を見るよう頼まれて引き受けました。ところが、焼き窯の前でヴァイキング対策にふけってしまい、パンを焦がしてしまいます。黒くなったパンを見たおかみさんは怒って、アルフレッドを打ちすえました。そこに部下がやって来て王の身分を明かすと、おかみさんは真っ青になって謝罪します。対してアルフレッドは、「約束を破った自分が悪い」と非を認め、おかみさんを責めず、部下と去っていったと伝わっています。アルフレッドは、勇猛果敢であるとともに、大きな度量の持ち主でした。

戦いに区切りをつけたアルフレッドは、復興にとりかかります。戦乱で衰退した文化や学問の回復と保護に力を入れ、学校を設立します。40代になってラテン語を学び始め、聖書の古英語翻訳などを手掛けました。加えて、『アルフレッド大王伝』や『アングロ・サクソン年代記』などを記述させ、みずからの治世を顕彰させました。

法制面では、慣習法を重視しながら、独自の法を織り込んだ「アルフレッド法典」を制定します。これは、王個人の裁量で法を定めることができる王権強化の法です。

886年のロンドン奪還以後、イングランドに残ったヴァイキングは領民と一体化していきます。

その後、アルフレッドは、899年に死去します。ウェセックス家によるイングランド統一がなされたのは、孫のアセルスタンの代でした。

1002年、アルフレッドの血筋にあたるエセルレッド2世が、国内のデーン（ノルマン）人を虐殺します。これに激怒したデンマーク王スヴェン1世のイングランド侵攻を招き、1013年にウェセックス朝は崩壊しました。とはいえ、アルフレッドの血筋は絶えることなく、現イギリス王室まで続いています。

みずからの顕彰記の存在があるとはいえ、ヴァイキングを退け、のちのイギリスの根幹ともいうべき、サクソン人の統一国家をつくり上げたアルフレッドには、「大王」という称号がふさわしいといえるでしょう。

オットー大帝

教会組織を利用し興した新帝国

東フランク王国の国王であったオットー１世は、ローマ教皇を助けてイタリア国王となったことで、８００年の長期にわたって続くことになる神聖ローマ帝国の初代皇帝に即位した。

皇帝となったオットー１世は、国内諸侯を統制するためにローマ＝カトリック教会を利用するなど、教会と密接に結びつく。しかし、その関係性はのちに、皇帝とローマ教皇との間に大きな禍根を生むこととなる。

〔生没〕912年〜973年
〔在位〕962年〜973年

神聖ローマ帝国

神聖ローマ帝国の産声

「ドイツ」という国名の語源は8世紀末にイタリア人がアルプス以北のゲルマン系の言語を話す人々を〝theodisci（民衆）〟と呼んだことに由来します。やがて〝th〟が〝d〟に変化していき「ドイツ」という言葉が生まれました。ドイツ語を常用する人々が、みずからをドイツ人として意識するようになったのは10世紀ごろ、ちょうどオットー1世の治世のあたりです。

西欧を再編したカール大帝の死後、フランク王国は子のルートヴィヒ1世を経て、3分割されます。

そのうちの一つ、東フランク王国では、国王から委託を受けた王家の者や貴族などの有力諸侯が、ザクセン族やバイエルン族、フランケン族など諸部族の住む土地を統治していました。

911年、ルートヴィヒ2世は後継者のいないまま死去し、東フランク王国のカロリング朝は断絶しました。そこで諸侯は選挙によって王を決めることになり、選ばれたのはフランケン公コンラート（コンラート1世）です。

このコンラート1世が918年に死去すると、カール大帝とは血のつながりがない、ザクセン公ハインリヒが王に選定されます。このハインリヒ1世の子が、936年に新たな王に選ばれます。のちに皇帝となるオットー1世です。

ローマ教皇から戴冠される

オットー1世が新国王に選ばれたのは、外敵の脅威という理由があったからです。

9世紀ごろから、東フランク王国は弱体化していき、北からはノルマン人、東からはアジア系のマジャール人のたび重なる侵攻を受け、街や教会が破壊、略奪されていました。そんな状況にあって、オットー1世の父ハインリヒ1世はマジャール人を撃退し、強力な指導者を望む諸侯に実力を見せつけていたのです。

オットー1世も諸侯の期待に応え、955年にレヒフェルトの戦いでマジャール人に完勝しました。以後、マジャール人の国内への侵入がなくなりました。

なお、マジャール人はのちにハンガリー平原に定住し、キリスト教を受け入れ、ハ

10世紀後半の神聖ローマ帝国の領土

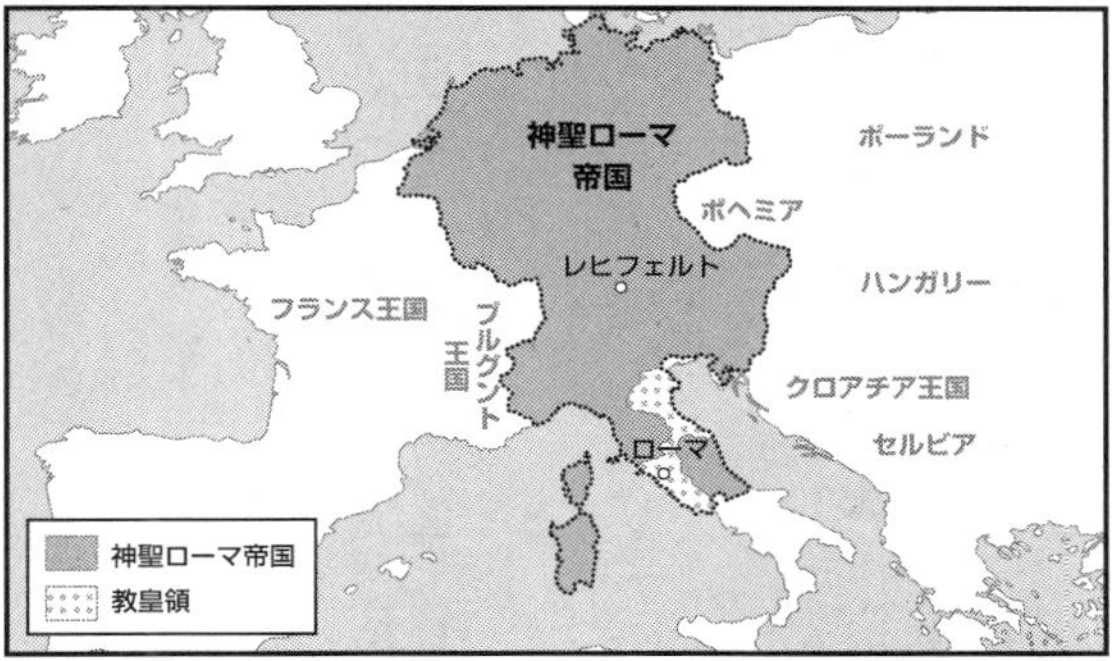

現在のドイツにほぼ相当する部分と、ローマ教皇に寄進した土地を除く現在のイタリア北部にあたる部分を、オットー1世が支配していた。

ンガリー人の祖となりました。レヒフェルトの戦いの勝利で異教徒からキリスト教社会を守ったことにより、オットー1世の名声は高まりました。

さらに、ローマ教皇ヨハネス12世の要請を受けて遠征し、北イタリアで教皇領を侵していたイブレア辺境伯を打倒しました。

オットー1世はイタリア国王としても即位します。イタリアの支配権を確立したオットー1世は、962年にローマ教皇ヨハネス12世によって「ローマ皇帝」に戴冠されます。このことは、キリスト教世界の守護者であることを意味しています。

このオットー1世の戴冠をもって神聖ローマ帝国のはじまりとする考え方が一般

的です。

ちなみに、オットー1世は帝位にあった際、「皇帝アウグストゥス」と名乗っています。その息子オットー2世、次のオットー3世は「ローマ人たちの皇帝アウグストゥス」という称号を用いました。

教会を利用して統治する

有力諸侯を統治するため、オットー1世が東フランク国王の時代から利用していたのが、諸侯勢力と無関係の教会の組織でした。

ゲルマン民族の社会では、教会は建てた者の私物という考えがありました。ハインリヒ1世とオットー1世父子は、自国内の教会は王に帰属するとして、聖職者の叙任権（任命権）を握りました。そして、教会に土地を寄進し、あるいは特権を与えて保護し、子飼いの聖職者に当該地域で権力を持たせ、有力諸侯を抑えたのです。この政策を「帝国教会政策」といい、ハインリヒ1世に始まるザクセン朝から次のザーリアー朝まで継承します。

この聖職者叙任権をめぐる神聖ローマ皇帝とローマ教皇との対立関係はその後も続き、1077年には皇帝がローマ教皇に屈する「カノッサの屈辱」が起こります。1122年に「ヴォルムス協約」が結ばれてローマ教皇の叙任権が定められ、オットー1世を発端とした叙任権闘争にようやく終止符が打たれました。

神聖ローマ皇帝は国の行政の主要な役職に、結婚が禁じられている聖職者を任じ、世襲による権力の強化を防止しました。そのうえ、知識人である聖職者は文書に精通しており、行政面で能率が向上します。

帝国のもとで育まれた共通意識

オットー1世は自治志向の強いイタリア諸都市の支配を目指し積極的に出兵しました（イタリア経営・イタリア政策）。

973年にオットー1世は死去し、跡を継いだ子のオットー2世は28歳という若さで死去します。3歳で皇帝に即位したオットー1世の孫にあたるオットー3世は、ポーランドのキリスト教化を促進します。ところが、オットー3世が子をなさずに21歳で夭折《ようせつ》すると、又従兄弟のハインリヒ2世が即位します。このハインリヒ2世も1024年に後継者がないまま死去し、ハインリヒ1世から5代続いたザクセン朝は幕を閉じました。

次のザーリアー朝（フランケン朝）で初代皇帝に選ばれたコンラート2世は、オットー1世の娘ロイトガルトの血縁にあたります。ザーリアー朝の時代は、ブルグント（ブルゴーニュ）を手に入れて版図が拡大した一方で、叙任権闘争が激しさを増しました。

オットー1世の意識下では、神聖ローマ帝国は、カール大帝のフランク王国の再興だと位置付けていたようです。そのため、国名も当初は「帝国」と呼ばれていました。「神聖ローマ帝国」という国名が一般化したのは13世紀半ばです。当時は、皇帝は「神の恩寵による王位」を与えられた聖なる存在とみなされていたことと、当時のローマ教皇がイタリア内でしか権力を持たなかったことが、国名に「神聖」がついた理由だと考えられています。

もともと東フランク王国は諸部族ごとの国が集まったものでしたが、オットー1世の時代にドイツ語や帝国教会政策、独自の国王選挙などの制度、文化が共有されたこ

オットー１世を中心とした系図

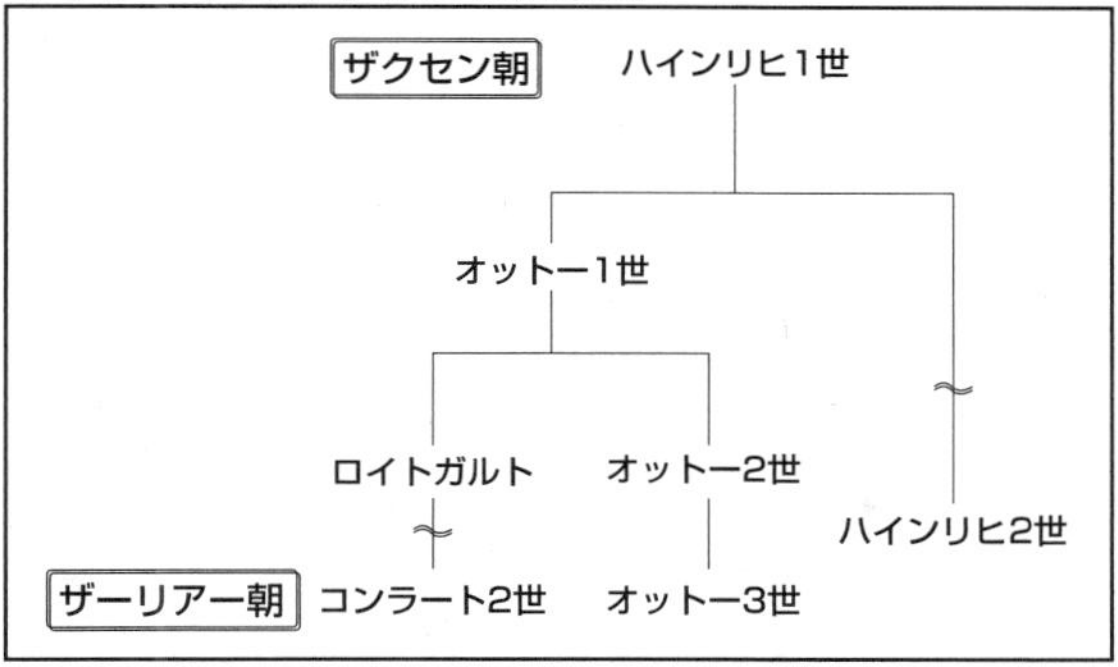

とで国民意識が自覚され始めました。

15世紀以降になると、ハプスブルク家出身の神聖ローマ皇帝が続き、ローマに拠ることなく、「ドイツ国民の神聖ローマ帝国」と自称するようになり、結果、領民にドイツ国民としてのアイデンティティが芽生えました。とはいえ、ドイツという国が誕生するには19世紀を待たなければなりません。

後世にドイツ連邦共和国となる国のモデルを、国内の諸侯をまとめることで示したオットー1世には、すぐれた功績を残した皇帝に贈られる称号「大帝」が与えられ、その死後、「オットー大帝」とも呼ばれるようになっていったのです。

ヘンリ2世

相続と結婚で手に入れた広大な領土

12世紀半ば、イングランドではノルマン朝が断絶。新たにイングランド王となり、プランタジネット朝を開いたのが、フランスのアンジュー伯でもあったヘンリ2世であった。

ヘンリ2世は婚姻により、フランス西部の広大な土地を継承する。フランス南西部から大ブリテン島、アイルランド島に至る西ヨーロッパ随一の広さを誇る領土は、「アンジュー帝国」とも呼ばれた。

また、ヘンリ2世が整備した法制度は、イギリスの諸制度の礎となったのだ。

〔生没〕1133年～1189年
〔在位〕1154年～1189年

イングランド王国

フランスから来た征服王

１０６６年はイングランド史にとって特別な年です。この年、英仏海峡を越えて、ヴァイキングの末裔であるノルマンディー公ウィリアムがイングランドに攻め込み、アングロ・サクソン系のイングランド王ハロルド2世を倒しました。ノルマンディー公ウィリアムはそのまま、イングランド王ウィリアム1世として即位し、ノルマン朝を開きます（ノルマン・コンクェスト）。

ウィリアム1世は抵抗するアングロ・サクソン貴族の土地を取り上げ、家臣のノルマン人貴族に与えて統治させる封建制度を導入しました。イングランドの土地を検地して土地台帳を作成し、安定的な税収を確保するなど、統治を確立していきます。

ノルマン朝の時代には、アングロ・サクソン文化と、流入したノルマン人のラテン語文化が融合します。住民の話す古英語に、古フランス語の語彙が導入されます。また、ノルマン様式と呼ばれるウィンチェスター大聖堂やダラム大聖堂が建造されました。要塞としてロンドン塔が建てられたのもこのころです。

相続と結婚で領土を拡大

ウィリアム1世の死後、王位は四男のウィリアム2世、五男ヘンリ1世へと移っていき、孫にあたるスティーヴンが即位しました。スティーヴンはフランス貴族ブロワ家出身であり、ブロワ朝の一代限りの王ともされています。

さて、ヘンリ1世にはマチルダという一人娘がいました。マチルダは神聖ローマ皇帝ハインリヒ5世の皇妃でしたが、皇帝と死別後、現在のフランス中央部にあたるアンジューを領地に持つアンジュー伯ジェフリーと再婚して、世継ぎであるアンジュー伯ヘンリ（のちのヘンリ2世）を産みます。

成長したアンジュー伯ヘンリは、現在のフランス南西部にあたる広大な領土を有するアキテーヌ公女アリエノールと結婚します。その結果、アンジュー伯ヘンリは領有していたアンジューとノルマンディーに加え、アキテーヌの領土をも有するフランス王国内の最大の領主となりました。一方で、アンジュー伯ヘンリは祖父ヘンリ1世の自身の血筋をもとにイングランド王位継承権を主張し、スティーヴンと対立します。

ヘンリ2世の領土

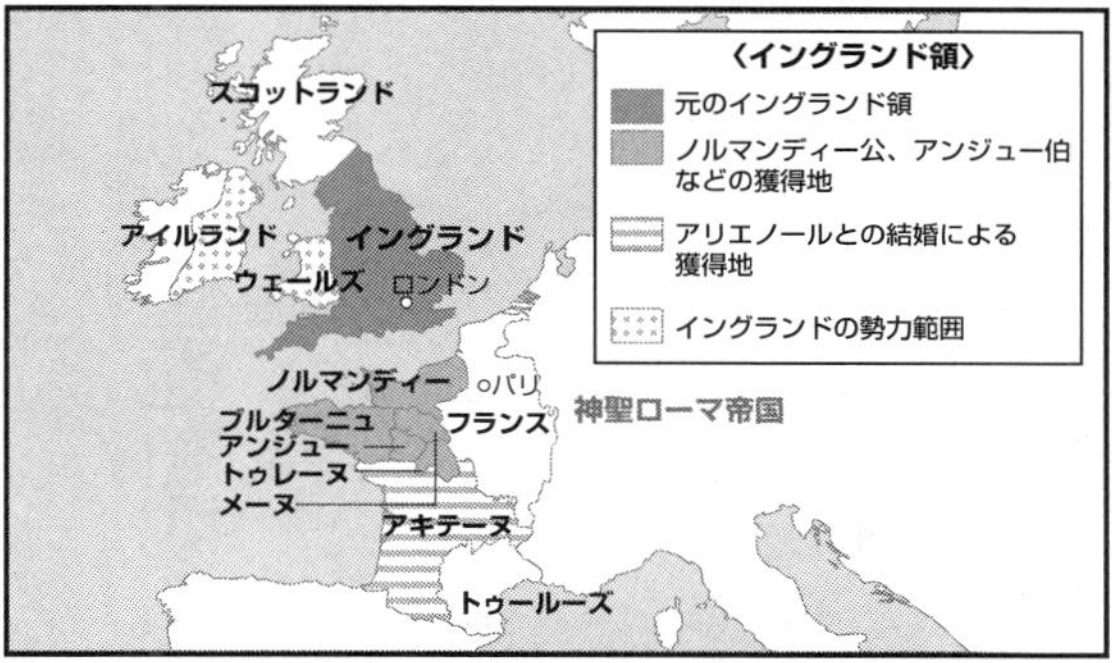

ブリテン諸島のイングランド領だけでなく、フランス王の直轄地を除く、フランスの大部分がヘンリ 2世の支配下にあった。

イングランド王位継承権をめぐる内戦の最中、からくも国を治めていたスティーヴンは、後継者が急死したため、アンジュー伯ヘンリとの間に、スティーヴンを終生王とし、死後にアンジュー伯ヘンリが王位を継ぐという「ウィンチェスター条約」を結びます。

ウィンチェスター条約締結の1年後にスティーヴン王は死去し、ノルマン朝は幕を閉じました。

条約に従い、アンジュー伯ヘンリは、1154年12月に戴冠式でイングランド王に即位し、ヘンリ2世として、プランタジネット朝（アンジュー朝）を開きます。

プランタジネットとは、アンジュー家の

紋章であるエニシダ（プランタ・ジェネスタ）に由来しています。

王より領土を有する家臣

イングランド王になったことで、ヘンリ2世の支配地域は、大ブリテン島とアイルランド島、ヨーロッパ大陸のアンジューとノルマンディー、ブルターニュ、アキテーヌに及びました。パリ周辺のみを直割地としていた当時のフランス王とくらべ、あまりに広大なヘンリ2世の領土は「アンジュー帝国」とも呼ばれました。

これほど広大な領土を持ってはいても、フランス王国内においてヘンリ2世はフランス王の家臣という立場でした。加えて、ヘンリ2世の王妃アリエノールが、フランス王ルイ7世の元妻であったことから、フランスとの関係をより複雑化させます。

この関係は、フランス王位と領土をめぐって、１３３９年に英仏間で勃発する百年戦争の要因にもなっています。

なお、ヘンリ2世は、その生涯のほとんどをフランスで過ごしています。イングランドに滞在していたのは13年ほどで、会話もフランス語を使っていたとされています。

即位したヘンリ2世は内戦で混乱していたイングランドを立て直すため、各種の改革と法整備にとりかかります。

内戦を有利に進めようと、スティーヴンやマチルダが有力領主に土地や権利を割当てたせいで、地方官僚は領主に支配され、領民は圧迫されていました。

そこでヘンリ2世は領主の圧政から地方領民を保護するため、地方官僚のいくつかの官職を廃止します。さらに領主裁判権を制限するとともに陪審員制を制定します。地方での重要事案裁定には中央から判事団が派遣され、巡回裁判が行われるようになり、人々の訴えが国王に届くようになります。加えて、行政長官職や財務府を設立し、行政を確固たるものとしました。

ヘンリ2世によるこの一連の法整備は、中世以降のイングランド統治の土台となりました。

領土の配分で内乱が勃発

ヘンリ2世とアリエノールとの間には5人の息子、3人の娘が生まれました。しかし晩年になると、ヘンリ2世の気持ちはアリエノールから離れ、同時に二人の仲は険悪となり、息子らとも領土の継承問題で争い始めます。

長男は夭折していたため、後継者として戴冠した次男のヘンリ若王がヘンリ2世との共同君主を務めていました。

しかし、1173年、ヘンリ2世は五男ジョンに、ヘンリ若王が継承するはずのアンジューの一部を与えようとします。怒ったヘンリ若王は反旗を翻し、それに三男リチャードと四男ジェフリが加わり、アリエノールまで手を貸します。さらには、フランス国王ルイ7世やフランス諸侯、スコットランドのウィリアム1世までヘンリ若王に加担しました。

ジョンはアリエノールが45歳ごろの子でした。医療が整っていない当時、高齢出産で生まれたジョンが成人することは想定外だったという見方もあります。

四面楚歌のヘンリ2世は、貴族ではなく傭兵を重用した軍を編成しました。広大な領土を支配し蓄財があったために実現できたことです。これによって劣勢をひっくり返し、息子らと妻を屈服させます。

1183年にヘンリ若王が死去したのに続いてジェフリが死去すると、ヘンリ2世

ヘンリ2世を中心にみたイングランド王家

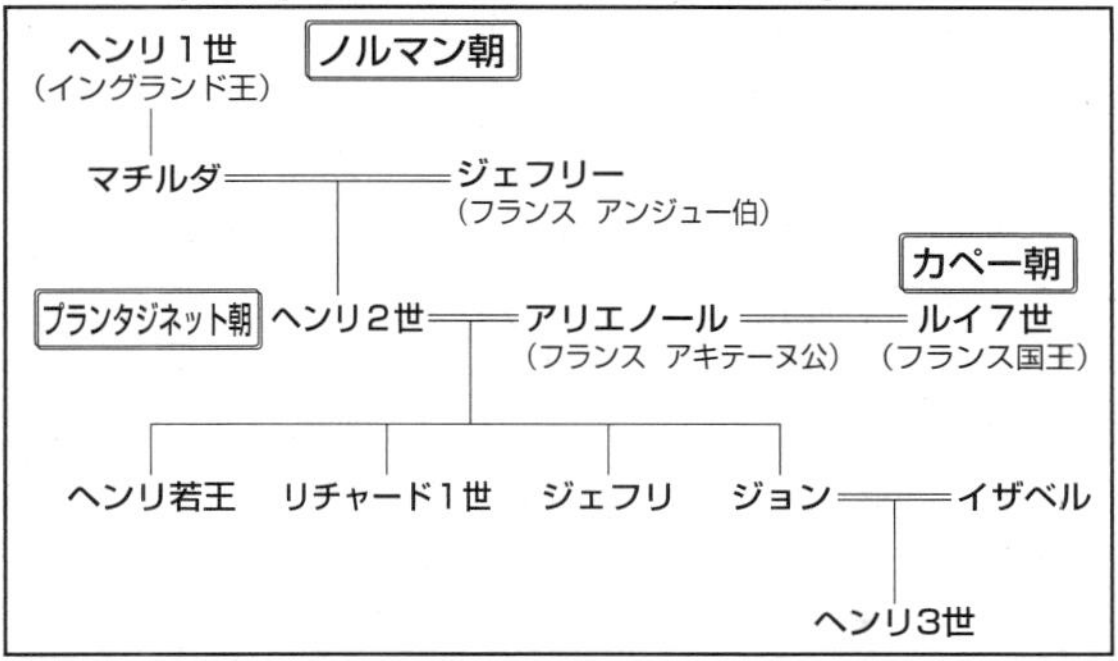

は、新たな後継者であるリチャードに対して、アキテーヌをジョンへ割譲するよう要求します。

対してリチャードは、フランスの新国王フィリップ2世と手を組み、1189年、ヘンリ2世に戦いを挑みました。やがてジョンもリチャードに加勢します。

可愛がっていたジョンにも裏切られ、同年7月6日、ヘンリ2世はアンジューのシノン城で失意のうちに死去しました。

骨肉の争いで帝国が崩壊

ヘンリ2世の死後、1189年9月にリチャードが即位してリチャード1世となります。よく知られる「獅子心王」という異名は、勇猛果敢な戦いぶりからきています。

当時、イェルサレムは、イスラーム系クルド人のサラディンが支配していました。リチャード1世は即位後すぐ、フィリップ2世や神聖ローマ皇帝フリードリヒ1世と第3次十字軍を結成し、イェルサレム奪還を目指して遠征します。

フリードリヒ1世は遠征途中で死去し、フィリップ2世は帰国しますが、リチャード1世は2年間戦い続け、最終的にサラディンと講和条約を結びました。

遠征からの帰途、リチャード1世はアンジュー帝国を危険視する神聖ローマ皇帝ハインリヒ6世により囚われます。囚われている最中、フィリップ2世がこれ幸いと、ノルマンディーやトゥレーヌなどを占領します。これには、ジョンが結託していて、ジョンはさらにイングランド王位も要求します。

身代金を払って解放されたリチャード1世は獅子奮迅の活躍をみせ、1198年に領土を取り返して、ジョンを降伏させます。ところが翌年、戦闘の傷がもとで41歳の生涯を閉じました。

その跡を継いで、1199年にジョンがイングランド王に即位します。ジョンは猜疑心の強い性格であったとされ、ロビン・フッドの物語では悪役として描かれています。

ジョンが即位するとすぐに、ノルマンディーとアンジューがフィリップ2世に奪われます。諸侯をまとめる力のないジョンのもと、かつてのアンジュー帝国はイングランド本国とアキテーヌのみというところまで領土が縮小しました。

1214年にはブーヴィーヌの戦いで、ジョン王はフィリップ2世に敗れました。1215年、戦費調達に増税を重ねる国王ジョンに対して、諸侯と議会は「マグナ=カルタ（大憲章）」を提出します。これは法による支配を明文化し、王の独断による重税や財政的搾取を戒め、課税の際には諸侯や騎士、都市の代表から意見を求め議論することを要請する内容で、のちのイギリス憲法のもととなります。

ジョンはマグナ=カルタをいったんは認めたものの、すぐに破棄して諸侯と対立しました。ところが、1216年にジョンは死去します。大半の領土を失うなどの失態から、ジョンは「欠地王」や「失地王」と呼ばれ、以後イギリスで再びジョンを名乗る国王は現れていません。

イングランドとフランスにまたがる「アンジュー帝国」と呼ばれるほどの領土を有し、絶対的な力を誇ったヘンリ2世でしたが、最大の敵は自分の身内だったのかもしれません。

フリードリヒ2世

2回破門された「王座上の最初の近代的人間」

神聖ローマ皇帝とシチリア王女との間に生まれたフリードリヒ2世は、地中海貿易の重要拠点であり、文化の入り混じるシチリア王国で好奇心旺盛な性格に育つ。

皇帝となったフリードリヒ2世は、ローマ教皇の要請でイスラーム勢力からイェルサレムを奪還するため、十字軍を組織して遠征する。

そして、それまでの十字軍とは異なるアプローチでイェルサレムを手中にする。異文化を理解するフリードリヒだからこそ、為し得た方法とは。

〔生没〕1194年～1250年
〔在位〕1220年～1250年

神聖ローマ帝国

国際都市生まれの近代人

「王座上の最初の近代的人間」——この言葉は、19世紀のスイスの文化史学者ブルクハルトが、13世紀の神聖ローマ皇帝フリードリヒ2世を評した言葉です。ブルクハルトによると、フリードリヒ2世が物事を客観的に判断し、処理する能力に長けていた、というのが理由です。フリードリヒ2世がそのような能力を得たのは、生まれ育ったシチリアの風土と深く関係しています。

フリードリヒ2世は、ホーエンシュタウフェン朝の神聖ローマ皇帝ハインリヒ6世と、シチリア王女コンスタンツェとの間に生まれました。第3次十字軍で、イングランド王リチャード1世やフランス王フィリップ2世とともに遠征した神聖ローマ皇帝フリードリヒ1世の孫にあたります。

当時のシチリア王国は、王がローマ教皇の封臣として支配権を与えられた国で、正式には神聖ローマ帝国の支配下にはありませんでした。しかし、ハインリヒ6世が婚姻によりシチリア王位を手に入れ、実質的に支配するようになります。

シチリアはイタリア半島の南西、地中海に浮かぶ島です。地中海貿易の重要拠点で、イスラーム教徒も多く住み、東西の文化が流入していました。

幼くして父ハインリヒ6世を亡くしたフリードリヒは、3歳でシチリア王（フリードリヒ2世）を継ぎます。フリードリヒ2世は多様な文化に触れながら育ち、ラテン語やギリシア語、アラビア語などを含む6カ国語を操ることができるようになりました。また、乗馬や槍術にも優れていたとされます。

多彩な考えや文化を持つ異人種との交流が、フリードリヒ2世の国際感覚と合理主義を育み、「王座上の最初の近代的人間」と評価される人格が形成されたのでしょう。

その後、教皇インノケンティウス3世を後見人として成長し、1209年にはアラゴン王女コンスタンサと結婚します。1212年にドイツ王、1220年に神聖ローマ皇帝に即位します。

科学に触れ大学を創設する

13世紀のイスラーム社会は、西欧にくらべて科学文明が発達していました。十字軍

フリードリヒ2世を中心にみた神聖ローマ皇帝の系図

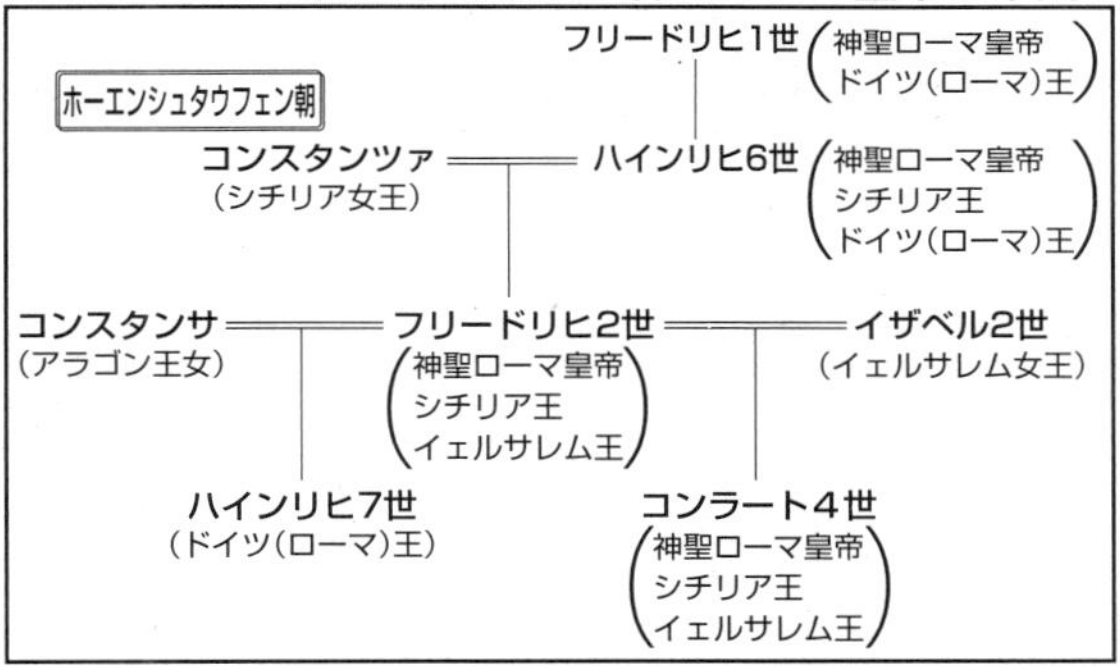

などを通じて、数学や化学、医学、天文学といったアラビア科学がもたらされ、ヨーロッパ社会は大きな影響を受けます。フリードリヒ2世もアラビア科学に影響を受けています。

　解剖学に明るかったフリードリヒ2世は、人体解剖の経験もあったといわれています。人体の構造についてイスラームの医師にくわしく語っておどろかせたというエピソードがあります。ほかにも、人間の言語に関しての実験として、数百人の新生児を大きな部屋に集め、世話役に無言を強いて養育させます。結果はつまびらかではありません。

　さらに、ローマ教皇の影響下にない教育機関として、ヨーロッパ初の国立大学であるナポリ大学を1224年に創設しています。パレルモの宮廷には、数学者のフィボナッチや占星術師のマイケル・スコットを招聘するなど、学問に力を入れました。

ローマ教皇は科学的思考を持つフリードリヒ2世を嫌悪し、「神を信じぬ者」として、のちにフリードリヒ2世を破門とする際の理由の一つとしています。

ドイツに興味のないドイツ王

フリードリヒ2世は神聖ローマ皇帝でありドイツ王でもありましたが、その生涯のほとんどをイタリアで過ごし、ドイツには9年間しかいませんでした。

そもそも、オットー1世以来の皇帝は、ドイツよりもイタリア統治（イタリア政策）に力を注いでいました。たとえば祖父のフリードリヒ1世は、イタリア半島支配を目指し、度々遠征しましたが失敗します。北イタリア諸都市がロンバルディア同盟を組み、教皇アレクサンドル3世とともに反抗したからです。

その結果、神聖ローマ帝国は北イタリア諸都市の自治を認めるに至りました。

フリードリヒ2世もご多分にもれず、ドイツ経営は息子のハインリヒに任せきりで

フリードリヒ2世治世下の神聖ローマ帝国

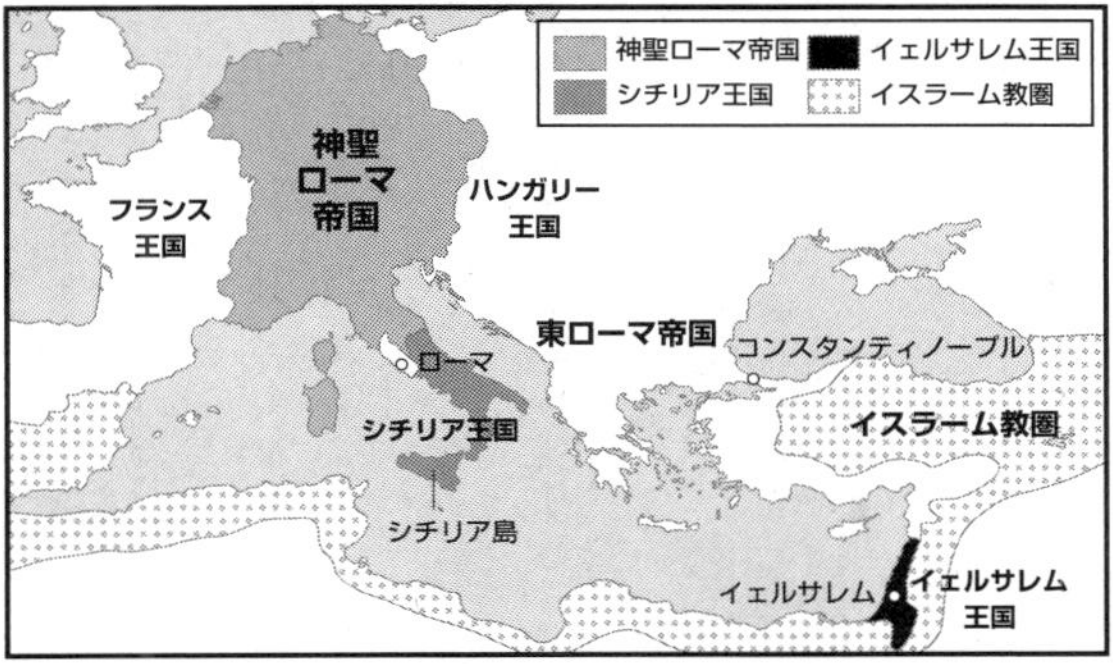

聖地イェルサレムを奪還するために、神聖ローマ帝国をはじめとする西欧諸国は十字軍を編成して、イスラーム勢力圏に攻め込んでいた。

した。

ところが、封建的に統制されていた聖職者や貴族といった諸侯たちが不満を持ったことから、フリードリヒ2世は諸侯と「聖界諸侯との協約」や「諸侯の利益のための協定」を結びます。

こうして貨幣鋳造権や関税徴収権、裁判権など、本来は国王が有する特権が諸侯に付与されたことで、諸侯の集合体からなる神聖ローマ帝国の領邦国家化が進みます。

そうまでして、フリードリヒ2世がイタリア政策を推し進めたのは、イタリア統一後の地中海帝国の完成を目論んでいたからです。その動きは第5次十字軍のあとに本格化します。

聖地を平和的に奪還

フリードリヒ2世と教皇ホノリウス3世の間柄もよくありませんでした。フリードリヒ2世がイェルサレム奪還のための十字軍を派遣するとしていましたが、実行していなかったことが原因です。イスラーム社会との関係を考え、フリードリヒ2世はあえて動かなかったともいわれています。

それまでの十字軍を振り返ると、1回目は1096年にフランス諸侯中心で派遣され、イスラーム勢力からイェルサレムを奪還します。イェルサレム王国を建国するなどの成功を収めましたが、続く2回目は失敗に終わります。3回目はフリードリヒ2世の祖父、神聖ローマ皇帝フリードリヒ1世やイングランド王リチャード1世、フランス王フィリップ2世など当代の君主が参加したものの、フリードリヒ1世が遠征中に事故死したり、アイユーブ朝を興したサラディンの反撃が苛烈だったりと、結果を残せませんでした。リチャード1世はサラディンと講和条約を結んでいます。4回目は十字軍の目的が迷走し、イェルサレムにたどり着くことさえできませんでした。つまり、1回目以降は失敗続きだったのです。

ホノリウス3世の死後、新たな教皇グレゴリウス9世に破門されるに至り、フリードリヒ2世は行動を起こしました。これが第5回十字軍です。一方で、イェルサレムを支配下に置くアイユーブ朝は、後継者問題によって内紛に陥っていました。

1228年、フリードリヒ2世率いる第5回十字軍は、現在のシリア、イェルサレムの北西に位置するアッコンに上陸しました。

その地でフリードリヒ2世は、イェルサレムを統治するアイユーブ朝のスルタンであるアル・カーミルと書簡でやり取りをします。はじめはアル・カーミルがフリードリヒ2世の人柄を見極めようと手紙を出したのがきっかけです。アラビア語を操り、イスラーム文化を理解するフリードリヒ2世への信頼を深めたアル・カーミルは平和条約に合意します。この「ヤッファ協定」によって、イェルサレムにおいてのキリスト教徒とイスラーム教徒の共存が定められ、1229年から10年の期限つきで、イェルサレムはキリスト教徒に返還されることになりました。

協定にはイスラーム側の聖地である「神殿の丘」を侵してはならないという、イスラームに配慮した条項もふくまれています。フリードリヒ2世は血を流すことなく、交渉だけで遠征を成功させたのです。
1222年にコンスタンサ妃と死別、イェルサレム王女イザベル2世と再婚していたため、イェルサレム城に入城したフリードリヒ2世は、イェルサレム王位に就きます。

後継者の反乱と二度目の破門

歴史的な平和条約は、双方の教徒に評価されませんでした。イェルサレムにいた聖ヨハネ騎士団とイェルサレム総大主教がフリードリヒ2世と敵対したのみならず、ローマ教皇グレゴリウス9世がシチリア王国へ兵を差し向けます。急ぎシチリアに帰国したフリードリヒ2世はローマ教皇軍を撃退します。

さらに苦難は続きます。アラゴン王女コンスタンサとの間の息子でドイツ王のハインリヒ7世が1234年にローマ教皇ならびにロンバルディア同盟の支援を受けて蜂起しました。特権を得て王の言うことを聞かないドイツ諸侯の横暴と、それを許した父に不満を募らせたことが理由です。

しかし、ハインリヒ7世にはドイツ諸侯に味方がいませんでした。フリードリヒ2

世に鎮圧されると、護送途中に自害しました。勢いに乗ったフリードリヒ2世は、北イタリア諸都市を攻撃し、1237年のコルテヌオーヴァの戦いでロンバルディア同盟軍を打ち破ります。

これにより、時の教皇インノケンティウス4世から二度目の破門と皇帝廃位を言いわたされます。それでもフリードリヒ2世は徹底抗戦の構えを示し、戦局はフリードリヒ2世が優勢になりました。

ローマ教皇との争いが続く1250年、フリードリヒ2世は死去します。あまりに突然だったため、民衆はその死を信じなかったとされています。

死後、イェルサレム女王イザベル2世との間の息子、コンラート4世が神聖ローマ帝国を継承しましたが、1254年に病没し、ホーエンシュタウフェン朝は断絶します。以降の約20年間、ドイツ王は選ばれても、イングランドやフランスの介入で神聖ローマ皇帝が実質的にいない「大空位時代」が到来します。

イタリアを拠点とし、ドイツの領邦国家化を招いたとはいえ、キリスト教が絶対だった時代にあって、フリードリヒ2世の異文化を許容する合理的な思考のもとで、イスラーム教国との和平を実現させることができたのです。

フビライ＝ハーン

史上最大の版図を築いた遊牧民の皇帝

モンゴル高原の遊牧民を統一し、わずか一代でユーラシア大陸の大半を支配する大帝国を築き上げたチンギス＝ハン。その孫であるフビライも祖父の覇業を受け継ぎ、日本を含む東アジアや東南アジアへの積極的な外征を行った。

おそらく今日の日本人にとって、フビライは「侵略者」としての印象が強いのではないだろうか。しかし元王朝の繁栄を俯瞰すると、そのイメージはフビライの一面でしかないことがわかる。

〔生没〕1215年〜1294年
〔在位〕1271年〜1294年（元の皇帝として）

元

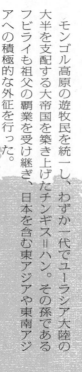

世界の陸地の2割以上を支配

「元寇」は、日本が初めて経験した異国からの大規模な侵略です。日本にとっては未曾有の国難でしたが、軍勢を差し向けた元の皇帝フビライ＝ハーンにしてみれば、壮大な国家構想を実現するための局地戦の一つにすぎませんでした。

フビライは元の初代皇帝であり、同時に、モンゴル帝国の第5代皇帝です。モンゴル帝国は、東アジアはもとより中東や東ヨーロッパにも勢力を広げ、一時は全世界の陸地の2割以上を支配していました。人類史においてこれを超える版図を築いた帝国は、海外に多くの植民地を有していた大英帝国しかありません。

モンゴル帝国の最盛期はフビライによってもたらされましたが、フビライが皇帝に即位した時点で帝国は当時史上最大の版図を誇っていました。元の隆盛は一族のつくった土台の上に築かれたといえるでしょう。

現在のモンゴル国があるモンゴル高原は、古くから遊牧民が暮らす土地でした。秦や前漢を脅かした「匈奴《きょうど》」も遊牧民であり、唐に滅ぼされた「突厥《とっけつ》」はトルコ系遊牧民の連合国でした。「国」といっても遊牧民は定住生活を送っていないので支配領域は定まっていません。突厥の後は同じトルコ系の「ウイグル」や「キルギス」、契丹《きったん》族の「遼」、女真族の「金」などがモンゴル高原の南部を支配しました。

一方、モンゴル高原の北部には統一国家が現れず、モンゴル族やトルコ族などいくつもの部族が争っていました。

モンゴル帝国初代皇帝のチンギス＝ハンは、モンゴル族の有力氏族であるキヤト・ボルジギン氏の族長イェスゲイの長男として生まれました。本名はテムジンといいます。イェスゲイが敵対する氏族によって毒殺され、また一時はライバル氏族に囚われるという危機に陥りながらも、テムジンはしだいに頭角を現します。その後、タタール、ケレイト、ナイマンといった部族を制圧したテムジンは、１２０４年にモンゴル諸部族の統一を果たしました。

大陸の大半を手にしたチンギス

テムジンは１２０６年、クリルタイという部族長会議において「王」を意味する「ハン（汗）」に推戴され、チンギス＝ハンを名乗ります。今日ではこの即位をもって「モンゴル帝国」の成立としています。「モンゴル帝国」とは「イェケ・モンゴル・ウルス」の訳語であり、「ウルス」は「人々の集まり」を意味します。

ハンとなったチンギスは部族再編に乗り出し、「千戸制」を導入します。「千戸」とは1000人の兵が供出できることを目安に編成された集団です。千戸は10の百戸、百戸は10の十戸で構成され、有力部族の族長やチンギスの功臣が千戸長に任じられました。

新たに編成された強大な軍事力を背景にチンギスは外征を開始し、まずは南方の西夏や金を攻めて黄河以北の地を手にしました。一方、西方に対しては通商を求め、ホラズム・シャー朝に商隊を派遣します。

しかし、ホラズム・シャー朝はこの商隊をスパイと見なして殺害してしまいました。その報復として始まったのが、チンギスの征西です。1219年、チンギスは20万からなる軍勢をみずから率いて進軍し、瞬く間にホラズム・シャー朝を制圧します。余勢を駆ったモンゴル軍は現在のロシア南部にも手を伸ばし、ユーラシア大陸の大半を手に入れました。

独立傾向を強める末裔

征西を終えたチンギスは再び西夏への侵攻を開始しましたが、１２２７年に陣中で病没し、三男オゴタイが2代皇帝となります。オゴタイは即位にあたり、皇帝を意味する「ハーン（可汗）」という称号を新たに創設し、以降、領地の王であるハンと、その上に立つハーンは明確に区別されるようになります。

今日では便宜上、チンギスをモンゴル帝国の初代皇帝と呼んでいますが、実際に皇帝を称したのはオゴタイからでした。その後はオゴタイの長男グユク、チンギスの四男であるトゥルイの長男モンケへと皇帝の座は受け継がれていきます。トゥルイの二男で、モンケの弟がフビライです。

フビライはモンケのもとで中国大陸の制圧を任され、現在の雲南省にあった大理国を降伏させました。その後はモンケとともに南宋の攻略にあたりましたが、モンケが急死してしまいます。１２６０年にはフビライと末弟アリクブケの間で皇位をめぐる争いが起こり、勝利したフビライが5代皇帝となりました。

チンギス一族の系図

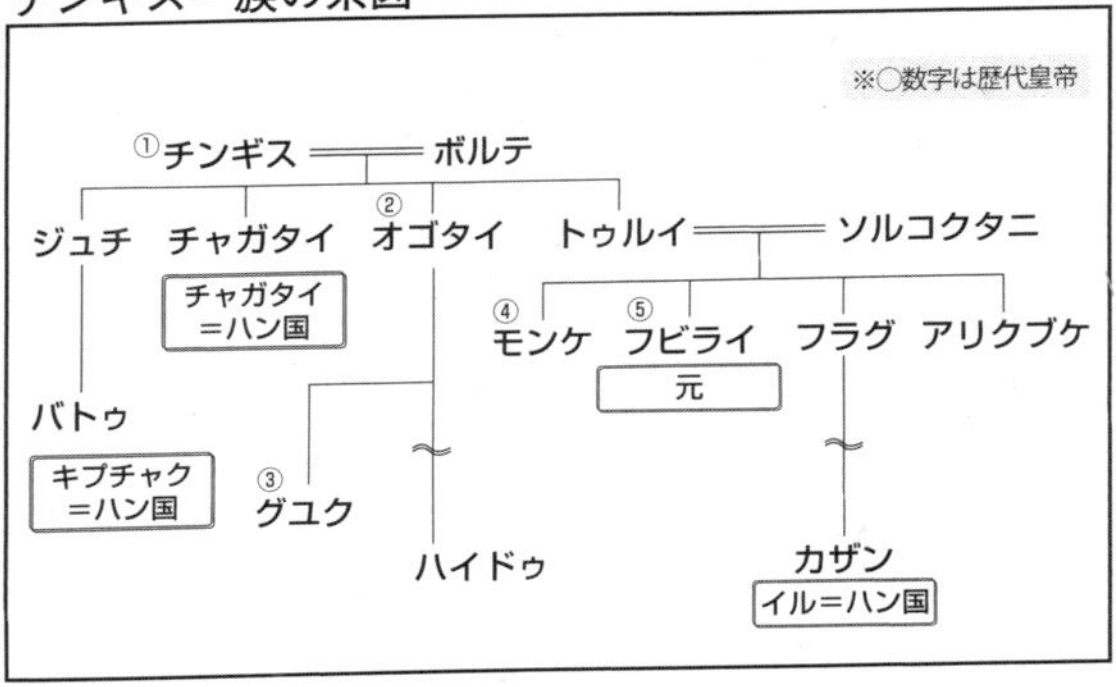

モンゴル帝国の領土

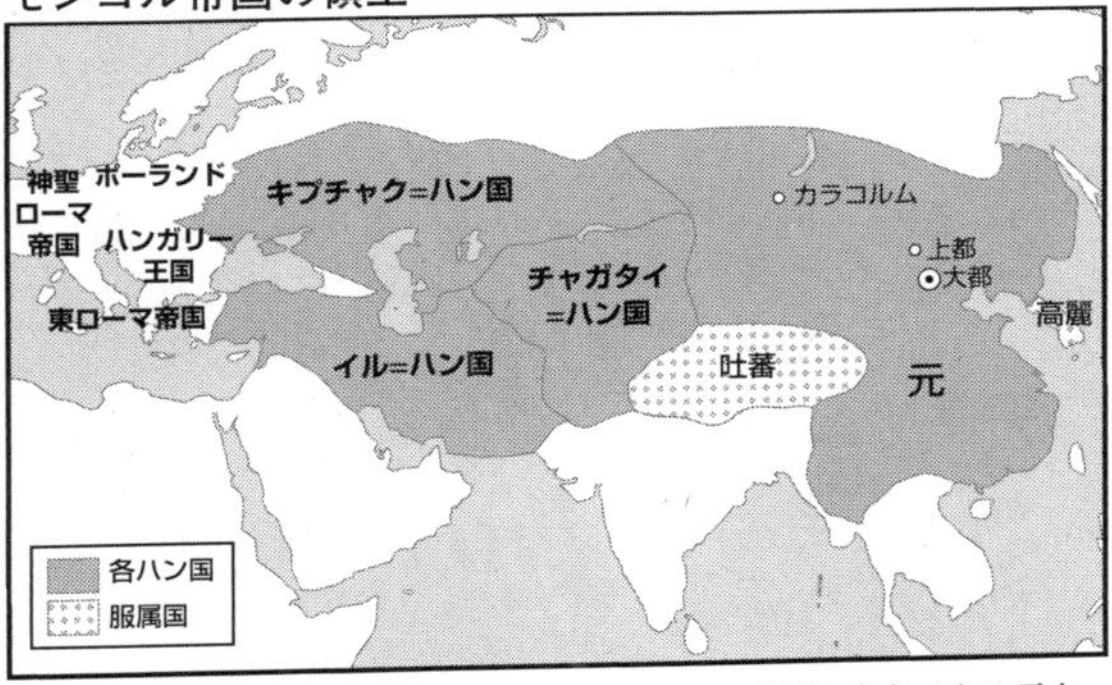

チンギスから数えて5代目のフビライがハーンの時代、宗主である元と、3つのハン国によってモンゴル帝国は構成されていた。

この兄弟間の争いはモンゴル帝国を構成する「ハン国」に大きな動揺をもたらしました。ハン国とはチンギスの息子たちの一族が、それぞれ割りあてられた領地で興した国です。具体的には、長男ジュチの一族が「キプチャク=ハン国」、二男チャガタイの一族が「チャガタイ=ハン国」、四男トゥルイの一族が「イル=ハン国」の王となり、それらの上に立つ存在としてモンゴル帝国がありました。

王の中にはフビライの即位に反対する者も多く、1260年ごろから始まったハイドゥの反乱を契機として、各ハン国はモンゴル帝国から半ば独立した存在となります。ただし、宗主がモンゴル帝国(および元王朝)であることに変わりはなく、当時のモンゴル帝国は、これらハン国とのゆるやかな連合体であったとみることができます。

漢化政策を推し進める

すでにモンゴル帝国は中国大陸の大半を支配しており、フビライは1271年に国号を「元(大元)」に改めました。これはハン国を含むモンゴル帝国がそのまま元になったのではなく、あくまで宗主国としてのモンゴル=ウルスが名を変えたにすぎません。そのため、今日では元ではなく「大元ウルス」という呼び方もされています。

元の由来は古代中国の書物『易経』の一節「大哉乾元、万物資始（大いなるかな乾元、万物はこれより始まる）」であり、元には「天」の意味があります。これまでの中国の皇帝は始祖が初めて治めた土地の名を国号としてきましたが、元はその慣例にならわず、古典から国号を取った初めてのケースでした。

従来の中国統一王朝と異なる点は、元が漢民族以外によって建国された征服王朝であることです。ちなみに、統一王朝以外の国も含めれば、契丹族の遼、女真族の金なども征服王朝です。これらの王朝は時代とともに漢民族の文化などを取り入れていきましたが、元も例外ではなく、フビライは漢化政策を次々に実行しています。

中央には中書省（行政）・枢密院（軍事）・御史台（監察）の3系統からなる統治組織を設置しました。中書省には実務機関である吏・戸・礼・兵・刑・工の六部が属します。地方では路・府・州・県からなる州県制を整え、中央からの出先機関として11、ないしは12の「行中書省《こうちゅうしょしょう》（行省）」を設置しました。現在の中国の行政区画である「省」は、この行省に由来し、元代の名残とみることができます。

また、フビライはモンゴル高原のカラコルムにあった帝国の首都をモンゴル高原南部の「上都」と都市部の「大都」に移しており、上都は夏季、大都は冬季の首都として機能しました。なかでも、元の政治経済の中枢となった大都は目覚ましい発展を遂げ、現在の北京の前身となりました。

首都を二つ置いていたことから、フビライが抱く国家像がうかがえます。夏は牧草地帯で騎馬兵を調練し、冬は国力の増強に努める。すなわち、遊牧民の軍事力と中国大陸の経済力の融合こそが、フビライの狙いであったといえるでしょう。

商圏の確立に貢献した色目人

征服王朝である元の国民は、民族や出身地などによって、主に以下の4つに区分されていました。モンゴル族やトルコ族などの遊牧民からなる「モンゴル人」、イスラームの人々やヨーロッパ人からなる「色目人」、かつての金の領民である「漢人」、そして最後までフビライの侵攻に抵抗し、1279年に滅亡した南宋の領民からなる「南人」です。

なかでも、色目人の重用は元の大きな特色といえるでしょう。高原のモンゴル族にとって他民族との交易は重要な生活基盤であり、チンギスの時代からムスリム商人を介した西域との積極的な交易が行われていました。フビライの時代にはオルトクと呼ばれるムスリム商人組織が政府に組み込まれ、アフマドやサンガといった財務長官のもとで貿易や高利貸し、徴税などの業務に従事していました。

ハン国を含むモンゴル帝国内の陸上交通網の整備はオゴタイの代より本格化し、20〜40キロメートルごとに数千頭の替え馬を備えた宿駅が設置されています。フビライは海運にも力を注ぎ、杭州や泉州、広州などの港湾都市が発展します。とくに泉州は、東シナ海、南シナ海、インド洋、紅海を経て地中海へと至る「海のシルクロード」の拠点となりました。さらに内陸部の大都に積水潭《せきすいたん》（現在の什刹海《じゅうさつかい》）と呼ばれる河川港が築かれ、大都を物流の終着点とする広大な商業圏が確立します。

国内向けの経済政策としては「交鈔《こうしょう》」の発行も特筆すべき事柄です。これは宋代から導入されていた紙幣のことで、フビライは1260年から国内唯一の法定通貨として中統元宝交鈔《ちゅうとうげんぽうこうしょう》を発行します。当初は銀との兌換紙幣でしたが、やがて信用決済も行われるようになり、国内で広く流通しました。

膨大な数の民衆を統治するには、より大規模な交易で国を富ませる必要があり、フビライがこうした重商主義を国の方針としたことは自明の理といえるでしょう。また異民族の官僚への登用は従来の中国王朝には見られなかった事例であり、フビライの優れた国際感覚を如実に表しています。

外交面に目を移すと、元と西方のハン国との結びつきが弱まっていたこともあり、他国への侵攻は東アジアと東南アジアに限定されました。フビライは１２７９年に南宋を滅ぼし、それと並行して日本へも出兵します。元寇が失敗したのちは、ベトナムのチャンパ王国や陳朝、ビルマ（現在のミャンマー）のパガン朝、ジャワ島のシンガサリ朝などに軍勢を差し向けましたが、征服できたのはパガン朝だけでした。

そもそも東南アジアへの遠征は、征服よりも新たな交易ルートの開拓が主目的だったとも考えられています。現在の東南アジアにイスラーム国家が多いのは、元代のムスリム商人がこの地にまで足を延ばしていたからにほかなりません。

インフレと飢饉で増大する社会不安

１２９４年、フビライは当時としては異例の長寿といえる79歳でこの世を去ります。さまざまな漢化政策を導入したフビライでしたが、法治に関しては従来の律令制を廃し、モンゴル族の慣習を体系化しないまま国内法として運用していました。皇位継承も依然としてクリルタイで決められており、その結果、一族間で皇位をめぐる権力争いが起こるようになります。

政府内では官僚の不正が横行し、宮中の奢侈《しゃし》な生活と相まって財政が逼迫したため、打開策として政府が交鈔を乱造すると、急速なインフレが起こります。さらに国内では飢饉の発生と、世界的なペストの流行も社会不安に拍車をかけました。

民衆の不満は反乱という形で現れ、1351年には白蓮《びゃくれん》教徒による紅巾《こうきん》の乱が勃発します。指導者の一人である朱元璋《しゅげんしょう》（のちの明の洪武《こうぶ》帝）によって、元は北方へと追いやられました。その後はモンゴル高原で「北元《ほくげん》」として存続します。北元が完全に滅亡するのは清代の1635年のことです。

元が中国大陸を支配していた期間はわずか97年でした。フビライが統治していた時期は23年にすぎません。とはいえ、この短期間で元は「世界の中心」に、大都は「世界の首都」になりました。チンギスが抱いた世界制覇の野望は、孫のフビライによって果たされたといえるでしょう。

永楽帝

華夷秩序を確立し中国を再構築

元に代わって中国大陸を統治した明は、およそ100年ぶりに誕生した漢民族の王朝だ。永楽帝は父の独裁体制を踏襲しながらも独自の政策を実践し、明の最盛期をつくり出した。

近隣諸国に対してはみずから兵を率いて侵攻し、遠方の国々には使節を派遣して朝貢国を増やしていった。なかでも海外遠征はかつてない規模で行われた。永楽帝が目指した中国王朝のあるべき姿とはどのようなものだったのだろうか。

〔生没〕1360年～1424年

〔在位〕1402年～1424年

明

漢民族の王朝こそ世界の中心

清朝滅亡まで皇宮として使われ、現在の北京のランドマークとも呼べる紫禁城（一部は故宮《こきゅう》博物院）は、明王朝の第3代皇帝・永楽帝が造営し、1420年に完成したものです。それまでの北平《ほくへい》という地名が「北京」に改められたのもそのときで、今日の北京の原型は永楽帝によってつくられたといえるでしょう。

永楽帝はまだ元王朝が中国大陸を支配していた1360年に生まれました。元はモンゴル族によって開かれた征服王朝であり、圧政を強いられていた漢民族にとって、王朝復活はまさに悲願でした。

この悲願は「中華思想」あるいは「華夷秩序」と呼ばれる伝統的な考え方に基づいています。古代より漢民族は自分たちの王朝こそ世界の中心（中華）と位置づけ、周辺の異民族を文化レベルの低い「夷狄《いてき》」とみなし、方角によって「東夷」「北狄」「西戎」「南蛮」と分類していました。

漢民族の皇帝を宗主として中国大陸の頂点に置き、未開の異民族を従わせるという

「華夷秩序」を、中世において確立したのが永楽帝です。

甥との戦いの末に手にした皇位

永楽帝の父である朱元璋《しゅげんしょう》（のちの洪武帝《こうぶてい》）は農民から身を起こしました。長い中国史の中でも、農民から皇帝となったのは前漢の劉邦（高祖）と朱元璋だけです。劉邦の出自が比較的裕福だったのに対し、朱元璋は貧農の出身で、若き日は托鉢僧として生計を立てていたとも伝わります。

1351年に勃発した白蓮教《びゃくれんきょう》（仏教の一派）による紅巾《こうきん》の乱に参加した朱元璋はしだいに頭角を現し、反乱軍の指導者の一人となります。元を北方へと追いやったのち、本拠地としていた応天府《おうてんふ》（現在の南京）で明を建国し、洪武帝として即位しました。「明」という国号は、白蓮教のルーツの一つとされるマニ教の別名「明教」に由来するともいわれています。

洪武帝は非常に猜疑心が強く、31年の皇帝在位期間に謀反の疑いなどで処刑した家臣らは、連座した一族も含めると数万人に上ります。一方で自分の血を引く子らには多大な信頼を寄せ、26人の息子のうち25人を国内各地の王として封じました。国防面でとりわけ重要だったのが、北元《ほくげん》（元王朝の後身）などモンゴルとの最前線であった燕《えん》の地です。洪武帝は子どもの中でも、とくに武勇に秀でていた四男の棣《てい》（のちの永楽帝）を燕王に封じました。

皇太子だった長男の標《ひょう》は父に先立って死亡しており、洪武帝の死後は標の二男の允炆《いんぶん》が建文帝として即位します。しかしまだ若年のため、政治の実権は側近たちが握っていました。国内各地に封じられた諸王は有事の際に建文帝を守る役目も担っていましたが、宮中の重臣たちにしてみれば、皇帝の座をおびやかす危険分子です。明の混乱は洪武帝の死の直後から始まり、周王、岷《びん》王、斉王など建文帝の叔父たちが次々に取りつぶされていきました。

いずれ自分も取りつぶされると確信した燕王は、1399年に先手を打つ形で挙兵します。ただし名目はあくまで宮中にはびこる奸臣の排除です。つまりは「帝室の難を靖《やす》んじる」ための挙兵であり、この乱は靖難《せいなん》の変と呼ばれています。

兵数を含めた物量面で、建文帝は圧倒的に優位でしたが敗れます。洪武帝の粛清により頼れる家臣がいなかったこともその要因です。建文帝は宮殿が炎に包まれる中で自害したと伝わります。こうして燕王は即位し、永楽帝となったのです。

皇帝を支えた内閣大学士と宦官

皇帝の座に就いた永楽帝が最初に手掛けたのは、父同様の粛清でした。建文帝に仕えていた高名な儒学者の方孝孺《ほうこうじゅ》は、永楽帝の即位の詔勅を書くことを頑なに拒否します。激怒した永楽帝は873人の一族・門人もろとも方孝孺を処刑してしまいます。この一件は、永楽帝の父譲りの苛烈な性格を表しているといえるでしょう。

生前の洪武帝は元代の行政・軍事の最高機関である中書省や大都督府、その長官にあたる宰相を廃止し、関係役所を皇帝の直轄にしました。目的は独裁体制の強化にあり、永楽帝もその方針を引き継ぎます。とはいえ、膨大な数の政治案件を一人で決裁するのは難しく、永楽帝は7人の官僚を補佐官として登用します。彼らは「内閣大学士」と呼ばれ、今日の日本などで敷かれている内閣制度の起源となりました。

加えて永楽帝は、父の代に政治から遠ざけられていた宦官《かんがん》を重用。靖難の変で永楽帝が勝利した理由の一つには宮中の宦官による情報提供があり、その有用性に目をつ

明に朝貢していた周辺国

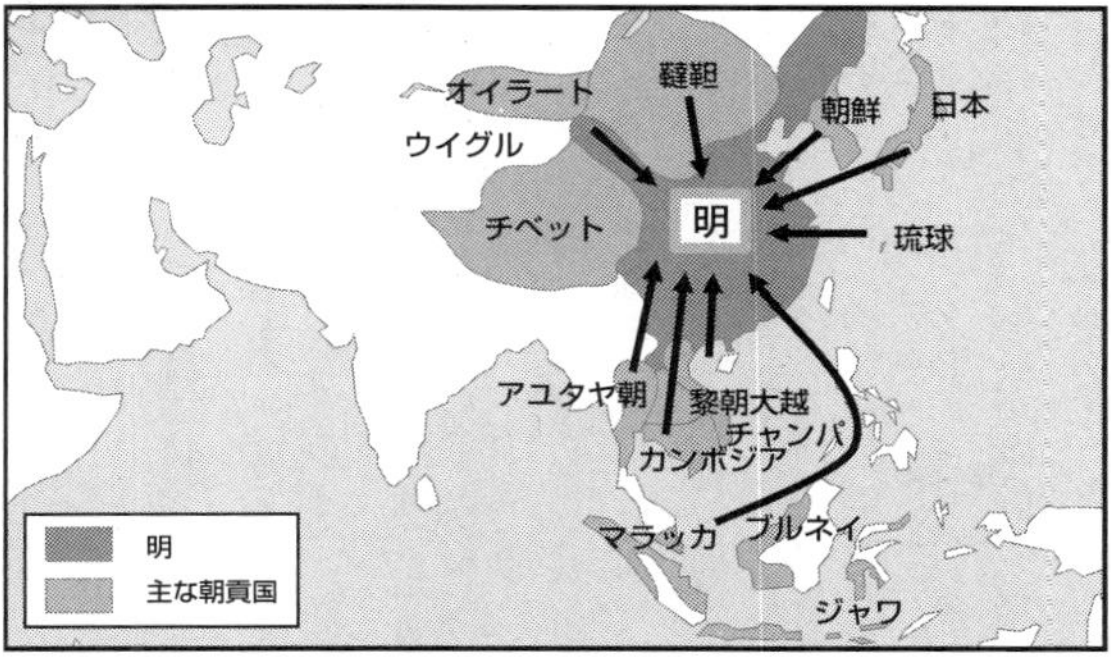

永楽帝は周辺の国々と朝貢貿易を行うことで冊封体制を確立。東アジアの盟主として威勢を示した。

けた永楽帝は、軍隊・官僚の監視や外交使節など政策決定に関わらない範囲で宦官を用いました。

ところが、時代を重ねるなかで宦官の発言力は増し、明代末期には内閣大学士との対立を招くこととなります。

冊封体制の拡大

永楽帝は、領土拡張には非常に野心的でした。北方のモンゴルへは１４１０年から１４２４年に病死する直前まで、５回にわたって親征を敢行しています。中国史上で、モンゴル高原に足を踏み入れた漢民族の皇帝は永楽帝だけです。

近隣諸国には侵略という手段を取る一方で、東南アジアや西アジアなど遠方の国々には宦官を派遣して朝貢を迫りました。朝貢によって結びついた、諸国の君主にその統治を認める「冊封《さくほう》体制」は、華夷秩序の具体的な形とみることができます。

日本との間で行われていた日明貿易（勘合《かんごう》貿易）も朝貢形式の貿易です。皇位の簒奪に後ろめたさを感じていた永楽帝は、日本から皇帝としての地位を認められたことをとても喜び、室町幕府3代将軍の足利義満に「日本国王之印」と、明との交易を許可する「勘合」を与えました。また、義満の死に際しては弔問の使節を日本に遣わし、「恭献王」という諡号も贈っています。洪武帝、永楽帝の名を冠した明銭「洪武通宝」「永楽通宝」は勘合貿易で日本に輸入され、室町期の貨幣経済の進展に寄与しました。

ところで永楽帝は、朝貢貿易の拡大を目指す一方で、洪武帝の海禁政策を引き継ぎ、自国民の海外渡航と私貿易を禁止しています。当時の東シナ海は海賊の倭寇による密貿易が横行し、勘合貿易には倭寇を排除する目的もありました。

倭寇というものの、その多くは漢民族であり、彼らは東南アジアに移住して密貿易を続けました。これが華僑のルーツの一つとされています。北のモンゴルと南の倭寇を合わせて「北虜南倭《ほくりょなんわ》」といい、永楽帝の死後も明の皇帝を悩ませ続けました。

時代を先取りした鄭和の大航海

永楽帝の対外政策の中でも、とりわけ大きな業績として知られるのが鄭和《ていわ》による南海遠征です。鄭和は靖難の変で功績を挙げた宦官で、フビライに仕えた色目人を祖先に持つムスリムです。イスラーム国家の多い西方に向かわせるには打ってつけの人物であったといえるでしょう。

明の国威発揚と朝貢貿易の拡大を目的とする南海遠征は、１４０５年から１４３３年まで、７回にわたって行われました。第１次遠征では、太倉県の劉家港からインドシナ半島東岸、ジャワ島、スマトラ島、セイロン島を経てインド西岸のカリカッタに到着します。第４次遠征では、分遣隊がペルシア湾沿岸のホルムズやアフリカ大陸東岸の港町マリンディにも上陸しました。

鄭和艦隊に乗船して明に渡ったマリンディの使節は永楽帝にキリンを献上しています。中国には徳の高い為政者が出現する前兆として麒麟が現れるという言い伝えがあり、絵画に描かれる姿と似ていることから、キリンこそ麒麟であるとされました。伝説上の霊獣が実在したことに明の民衆は驚き、永楽帝も大いに喜んだそうです。

いわゆる「大航海時代」の始まりは15世紀半ばとされ、ポルトガル人の探険家ヴァスコ・ダ・ガマによる1498年のインド航路の開拓は世界史上の偉業として知られています。とはいえ、これはあくまでヨーロッパ人の視点であり、インドを経由してアフリカ大陸に渡った鄭和の遠征は、のちの大航海時代を先取りしていたといえます。

鄭和が率いた艦隊は大小200艘の船で構成され、航海1回あたりの乗組員の総数は3万人に上りました。相手国が朝貢を拒否した場合は即座に武力行使できるよう、船には兵士も乗っていました。第1次遠征ではマラッカ王国の要請を受けて、海峡に巣くう海賊を討伐しています。西洋と東洋を結ぶ航路の要衝であるマラッカ海峡の治安向上によって、ヨーロッパ諸国の東アジア進出が促進されたのです。

華夷秩序を確立するも財政難に苦しむ

精力的な対外政策の結果、明の朝貢国は洪武帝時代の17カ国から30余カ国に増加し、永楽帝の目指した華夷秩序の確立されたといえるでしょう。しかしその代償として、明の財政は圧迫されていきます。

そもそも冊封体制とは宗主国である皇帝の権威を高めるためのものであり、利潤が目的ではありません。朝貢国に対しては献上物の数倍の価値がある物品を下賜《かし》しなければならず、明にとっては甚だ損な貿易でした。そのため永楽帝の死後は、冊封体制の規模縮小を余儀なくされるのです。

16世紀末期になると、「万暦《ばんれき》の三征《さんせい》」と総称される「ボハイの乱」「万暦朝鮮役（文禄・慶長の役）」「楊応龍の乱」が立て続けに起こり、明の財政は悪化の一途をたどりました。加えて、政府内では学者派閥の「東林党」と宦官の対立が激化し、政府の民衆に対する求心力は著しく低下しました。やがて元役人の李自成《りじせい》を指導者とする農民軍の反乱が勃発します。1644年、第17代皇帝の崇禎帝《すうてい》が自害に追い込まれ、明は276年の歴史に幕を下ろしました。

永楽帝の死後は強力なリーダーシップを発揮した皇帝がいなかったこともあり、明はゆるやかに衰退していきました。とはいえ、アジアの盟主だった事実は変わりません。その地位を確固たるものにしたのが永楽帝であり、華夷秩序の確立という業績は中世アジア史の中でも一際強い輝きを放っています。

スレイマン1世

異教徒をも取り込んだオスマン帝国の最盛期

中世の後期、地中海とインド洋の双方に面する西アジアの主導権は、アラブ族からトルコ族へと移る。オスマン・トルコ帝国は、東ローマ帝国（ビザンツ帝国）の築いた国際都市コンスタンティノープル（現在のイスタンブール）を引き継ぎ、北アフリカから東欧、アラビア半島までを支配下に置く。

その最盛期を築いた第10代皇帝スレイマン1世の治世では、キリスト教徒やユダヤ教徒は保護され、国境や民族にとらわれることなく優秀な人材を活用し、多文化共生の帝国が成立した。

〔生没〕1494年〜1566年
〔在位〕1520年〜1566年

オスマン・トルコ帝国

中央アジアから中東全域を制覇

イスラーム文化圏の国家といえば、主に中東諸国を思い浮かべる人が多いでしょうが、現在のギリシア、ブルガリア、ルーマニア、セルビアなどにも、16～18世紀に築かれたイスラーム建築が数多く残されています。この時代を象徴する君主の一人がオスマン・トルコ帝国（オスマン帝国）のスレイマン1世です。

トルコ族はもともと中央アジア出身で、同じ中東の遊牧民ながらも、南のアラビア半島出身のアラブ族とは言語体系が異なります。人種的なルーツも日本人を含む東アジア系に近く、6～7世紀のモンゴル高原周辺に存在した突厥はトルコ族の国でした。現在の中国の内陸に住むウイグル人もトルコ系の民族です。

オスマン帝国の中心地となったアナトリア地方では、11世紀にトルコ族のトゥグリル・ベクが、アッバース朝を治めるカリフのカーイムから「スルタン（権威者）」の称号を得て、セルジューク朝を開きました。その後、イスラーム圏では宗教指導者であるカリフの権威は形骸化し、軍事力を持つスルタンが実質的な君主となります。

セルジューク朝は東ローマ帝国（ビザンツ帝国）と対立しつつ、その文化を吸収しました。しかし、13世紀末には衰退し、臣下のオスマン・ベイ（オスマン1世）がオスマン朝を興します。

オスマン朝は地中海沿岸に勢力を広げ、第7代皇帝のメフメト2世は1453年に東ローマ帝国を征服しました。その首都コンスタンティノープルを「イスタンブール」と改名し、オスマン帝国の首都にしました。同地に現存するモスクであるアヤソフィアは、東ローマ帝国が東方正教の大聖堂としていた建物を引き継いだものです。

メフメト2世はアレクサンドロス大王の後継者を自認した、国際感覚に富んだ君主でした。領内のキリスト教徒やユダヤ教徒にも信教の自由を認め、優秀な人材は民族を問わずに重用しました。

さらに、メフメト2世の孫のセリム1世はマムルーク朝を征服して、イスラームの聖地メッカを支配下に置きました。

このセリム1世の息子がスレイマン1世です。イスラーム教はユダヤ教の世界観を引き継いでおり、スレイマンの名は『旧約聖書』に登場する、古代イスラエルの最盛期を築いたソロモン王（アラビア語ではスライマーン）に由来します。

キリスト教国と同盟し対抗

当時、オスマン帝国では皇位継承の争いを防ぐため、皇帝が即位後に自分の兄弟を皆殺しにする習慣がありました。しかし、セリム1世が死去したときスレイマンにはほかの兄弟がおらず、即位は平和裏に行われました。なお、16世紀末には皇帝の兄弟を殺さず城内に幽閉するようになります。

1520年に帝位を継いだスレイマン1世は、生涯に13回親征しています。まず1521年、ハンガリー帝国のベオグラード（現在のセルビアの首都）を攻略し、翌年にはアナトリア半島沿岸部にあるロードス島からキリスト教徒のヨハネ騎士団を追い出します。

当時、スレイマン1世にとって最大の敵は、神聖ローマ帝国の皇帝カール5世でした。カール5世はスペイン国王を兼任し、東欧のみならず地中海の覇権争いでもオスマン帝国と衝突しました。

1529年、オスマン帝国は12万の大軍で神聖ローマ帝国の当時の首都ウィーンを包囲しますが、長期戦を避けて冬には撤退しました。1535年には、神聖ローマ帝国に対抗するためフランス王フランソワ3世と同盟を結びます。フランスもキリスト教国ですが、スペインと神聖ローマ帝国に挟まれた立地なのでこの同盟は必然でした。

さらに、神聖ローマ帝国の力を削ぐため、オスマン帝国はネーデルラント（オランダ）などのプロテスタント信徒も支援しました。

このころ、東方のイランではイスラーム教シーア派を国教とするサファヴィー朝が一大勢力でしたが、スレイマン1世はこれを退けてイスラーム教スンナ派の守護者という宗教的権威を確立します。1534年にはイラク遠征を行ってバグダードを占領するなど、アラビア半島、北アフリカにも領土を拡大しました。

全土で一律の商業サービスを実現

数々の遠征でスレイマン1世を支えたのが、精鋭部隊「イェニチェリ」です。構成員は主に東欧から徴用されたキリスト教徒の奴隷でしたが、皇帝直属のエリートとし

オスマン帝国の領土

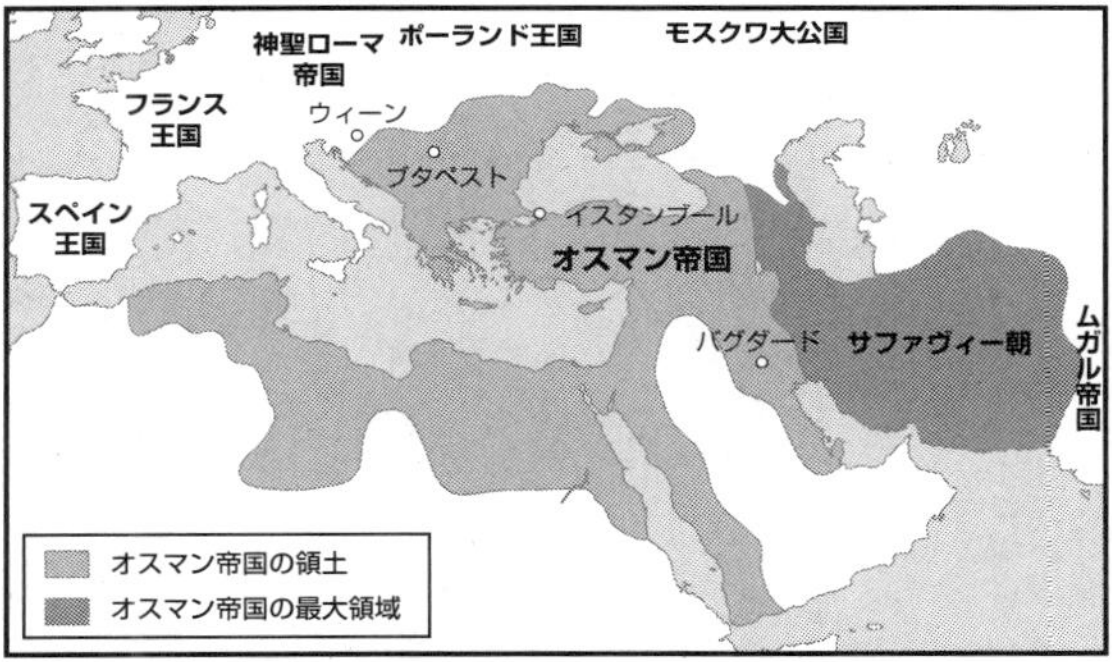

ヨーロッパとアジアの境にあたるイスタンブール（旧コンスタンティノープル）を首都として、両地域にまたがる大帝国だった。

て教育を受け、16世紀には世界的にも新しい鉄砲隊を配備していました。当時のヨーロッパの軍隊は諸侯の騎士と傭兵が混在していたのに対し、イェニチェリは将兵が均質で非常に統制がとれていました。

たび重なる親征は、父セリム１世の代からの領土拡張政策に加え、イェニチェリの軍備と士気を維持することが目的であった面もあり、後年にはそれが国庫を傾ける原因になります。

スレイマン１世は、地中海を荒らし回っていた海賊バルバロス・ハイレッディン（通称「赤ひげ」）をオスマン帝国海軍に引き入れ、１５３８年にプレヴェザの海戦でスペインやローマ教皇庁、ヴェネツィア共和国などの連合軍を撃破しました。これにより、地中海を支配下に置きます。オスマン帝国海軍はアラビア半島に面する紅海沿岸も制覇し、地中海のみならずインド洋貿易の利権も一手に握りました。

スレイマン1世の業績は軍功だけではありません。帝国内では「立法者」とも呼ばれ、広大な領内の全土に対してさまざまな行政法を施行したことで評価されています。徴税や異教徒の自治などに関する地方官僚の権限を明確化したのをはじめ、トルコ族以外の慣習法も認め、民法や商法なども明文化しました。各種の商品の扱いや商店の経営についても細目を定め、商人や地方役人が勝手なルールで私腹を肥やすことを禁じ、商品の購入者は帝国内のどこでも同質なサービスを受けられるようにしました。

異民族を保護して改宗者を重用

首都であり国際的な商業都市でもあったイスタンブールの住民の4割がキリスト教徒やユダヤ教徒だったことからわかるように、スレイマン1世は国内の異民族、異教徒の活動を保護しました。オスマン帝国では、キリスト教文化圏でたびたび発生した

スレイマニエ・モスク

ユダヤ人に対する大規模な迫害はなく、トルコ族とほかの被支配民族の衝突は、基本的には個人間の対立のみだったとされています。帝国領内の東方正教の信徒は民族を問わず同様に扱ったことにより、ギリシア人やセルビア人、ブルガリア人などの民族間の対立が沈静化しました。

オスマン帝国の有力者には、キリスト教徒から改宗した人物も少なくありません。政治家では、スレイマン1世の治世の初期の大宰相イブラヒム・パシャ、後年の大宰相ソコルル・メフメト・パシャ、主任建築官として数々の寺院や学校などを設計したミマール・スィナンも、元キリスト教徒のイェニチェリです。1557年に完成したスィナンの代表作として有名なイスタンブールのスレイマニエ・モスクは、高さ53メートルの大ドームを戴き、現在は世界遺産に登録されています。

スレイマン1世の妻のロクセラーナ（ヒュッレム）も、もともとスラブ人のキリスト教徒だったといわれます。加えて、帝国領内で活躍する詩人や建築家などの文化人たちのパトロンも務め、毎週金曜日の礼拝などイスラーム教の行事の折には、モスクに設置された給食所で食事や菓子を大盤振る舞いし、庶民からは大いに慕われました。

ゆるやかな多民族複合体だった帝国

15〜17世紀のオスマン帝国の繁栄は、地中海とインド洋の交易の覇権を握っていたことによってもたらされました。しかし、1566年にスレイマン1世が没したころから、世界の貿易の中心は大西洋へと移ってゆきます。スレイマン1世の治世では、同盟関係にあるフランスの商人に帝国領内での治外法権を認める「カピチュレーション」が導入されましたが、のちにヨーロッパ列強のほうが軍事力も経済力も優位になると、列強はオスマン帝国内での利権拡大に利用します。

オスマン帝国は、ゆるやかな多民族複合体でした。これは、もともとトルコ族が国境にとらわれない遊牧民だった点も影響しています。ところが、19世紀には、各民族のナショナリズムと、民族ごとの領土を明確にする国民国家の概念が広がりました。このため、オスマン帝国統治下の東欧諸国やアラブ族の独立運動が激化します。同時期には、同じく多民族複合体の国家だった中国大陸の清朝も、国内の漢民族やモンゴル族、ウイグル族などの反政府運動に直面しました。

19世紀にはギリシア、ブルガリアをはじめ、東欧諸国が次々と独立し、1914年に勃発した第一次世界大戦で、オスマン帝国はイギリスやロシアなどの連合軍の侵攻を受けて弱体化します。1922年には軍人のケマル・アタチュルクらによる「トルコ革命」が起こり、オスマン帝国は600年以上続いた歴史の幕を閉じました。

その後、現在まで続くトルコ共和国は、オスマン帝国時代の領土の多くを失ったものの、公用語の表記にアルファベットを採用し、政教分離を徹底するなど西洋文化を積極的に取り入れて発展を遂げました。こうした外来文化の導入に柔軟な姿勢の下地は、スレイマン1世の治世にあったともいえるでしょう。

フェリペ2世

信仰で動かした「太陽の沈まない国」

南北アメリカ大陸をはじめとして世界各地に植民地を獲得し、ついには「太陽の沈まない国」と称されたスペイン。絶頂期を迎えたのはスペイン国王フェリペ2世の時代であった。

新大陸からもたらされる富により、「無敵艦隊」と呼ばれる強大な武力を手にした。カトリックの熱心な信者であり、国家経営もカトリックの教えに沿ったものであった。その方針は植民地を拡大させた一方で、スペインのその後の行く末を決定づけていく。

〔生没〕1527年～1598年
〔在位〕1556年～1598年

スペイン王国

国土を回復し海外へ進出

スペイン王国が誕生する以前のイベリア半島は、長い間イスラーム勢力に支配されていました。そもそも、紀元前3世紀からローマ（共和政期～帝政期）の支配を経て、418年にゲルマン系部族によって西ゴート王国がイベリア半島に建国されます。その後、アフリカ大陸からイスラーム勢力が侵入し、711年に西ゴート王国は滅亡、半島一帯がイスラーム勢力の手に落ちました。756年にはアッバース朝の支配から逃れたウマイヤ朝の一族が、後ウマイヤ朝を樹立します。

以来、キリスト教徒らは半島奪還を目指す「レコンキスタ（国土回復運動）」に尽力します。やがて運動は実り、半島にアラゴン王国やカスティーリャ王国などのキリスト教国が建国され、イスラーム勢力を放逐していきました。

13世紀になると、半島のイスラーム国家は南部のナスル朝だけとなり、そのナスル朝も、アラゴン王国とカスティーリャ王国が併合したスペイン王国により1492年に滅ぼされます。800年近くかけて国土回復運動は達成されました。

植民地経営で戦費を獲得

大航海時代を迎えると、スペインは船乗りのパトロンとなります。1492年にはスペインの支援を受けたコロンブスがアメリカ大陸に到達します。スペインは、キリスト教布教を名目に「コンキスタドール（征服者）」を送り込み、南アメリカの大部分を支配しました。

1504年には、名門ハプスブルク家出身のフェリペ（フェリペ1世）がカスティーリャ王に即位します。その息子のカルロスは、スペイン王（カルロス1世）に就くとともに、神聖ローマ皇帝（カール5世）を兼任しました。フランスやオスマン帝国との戦費調達のため、積極的に植民地経営を進め、南米から金銀をスペインに運搬しました。「太陽の沈まない国」とは、つねに領土のどこかで太陽が昇っていることからきた呼称です。16世紀後半のスペイン王国は「太陽の沈まない国」をほぼ完成させつつありました。

一方で、南米から大量流入した銀が急激なインフレを引き起こしました。ほかにも

フェリペ2世を中心としたスペイン王家の系図

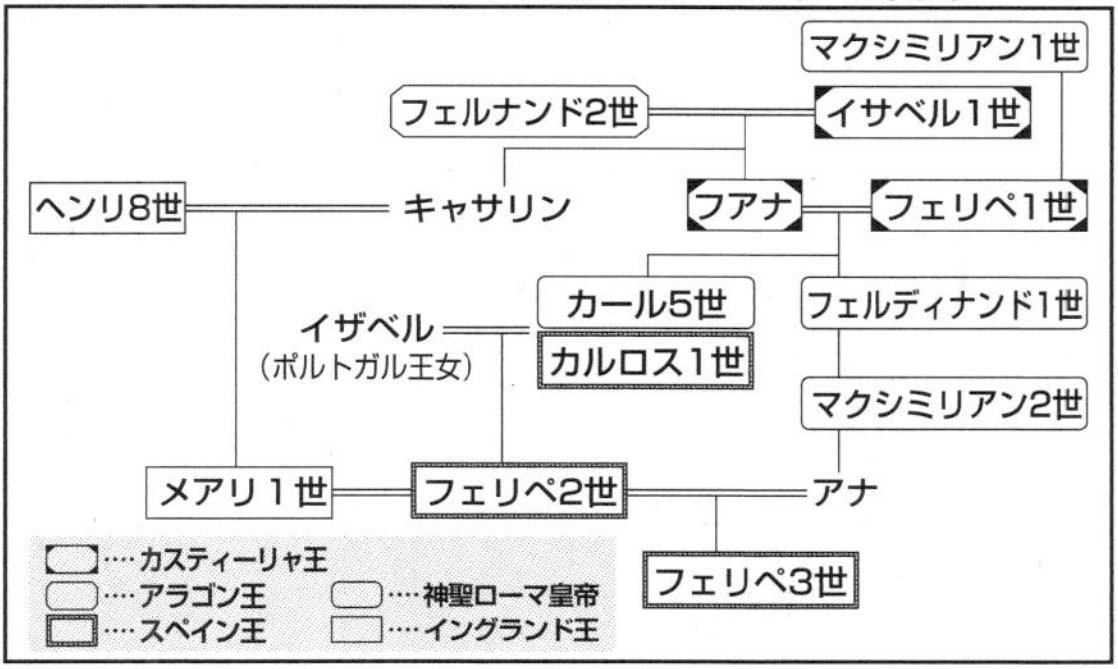

宗教改革によるプロテスタントの台頭やオスマン帝国の地中海進出、ハプスブルク家とフランス王家の対立などヨーロッパ全体を巻き込むさまざまな問題が生まれます。

これら諸問題を残したまま、1556年にカルロス1世は、息子フェリペ（フェリペ2世）に王位を譲ります。

執務室の「書類王」

スペインの黄金期を築くフェリペ2世は、当時の首都バリャドリッドで、カルロス1世とポルトガル王女イザベルとの間に長男として生まれました。

フェリペ2世の性格は勤勉で実直、ただし

他人に心を開かず、仕事においては官僚的でした。即位後は国王に権力を集中させる絶対王政を推進します。南米をはじめとする世界中の植民地に副官を派遣して支配を任せ、自身は執務室にこもって政務を執ったため、「書類王」とも呼ばれました。

フェリペ2世はそれまで明確に定まっていなかった首都を、スペイン中央部という利便性から、マドリードに定めました。

また、熱心なカトリック信者であり、「異端者に君臨するくらいなら命を百度失うほうがよい」と言葉を残すほど、カトリックに根ざした国家運営を目指していました。

27歳の皇太子時代に結婚した相手も、カトリックだった38歳のイングランド女王メアリ1世です。イングランドと結びついたのは、イングランド国内のカトリック派閥の後ろ盾になるという思惑があったからです。フェリペ2世は2年間、イングランドで暮らしましたが、スペイン王即位のため帰国します。メアリ1世は1558年に子どもがいないまま死去し、エリザベス（エリザベス1世）がイングランド女王となりました。

ちなみに、日本のキリシタン大名によりローマに派遣された「天正遣欧使節」が、1584年にマドリードでフェリペ2世と謁見しています。その際、フェリペ2世は

ヨーロッパにおけるフェリペ2世の領土

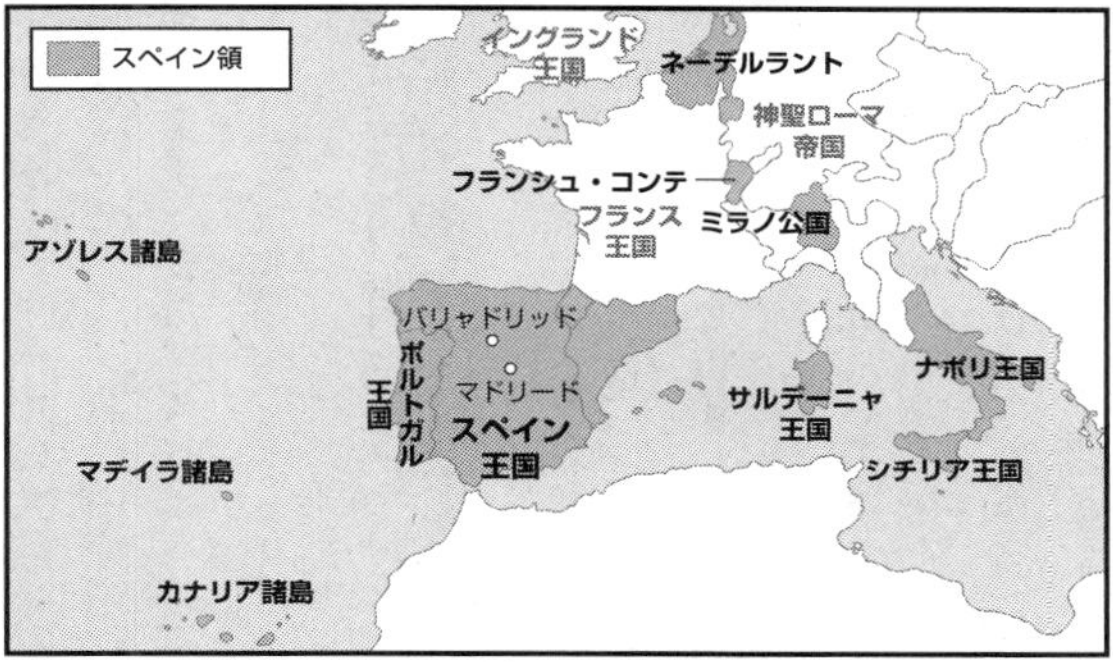

スペイン王をはじめ、ポルトガル王やイタリア諸国の王などを兼ねており、海外の植民地だけでなく、西欧でも多くの領土を持っていた。

日本刀に興味を示し、日本の技術の高さを認識したそうです。

地球規模の大国の出現

スペインが世界最大の植民地帝国になることができたのは、フェリペ2世の母親、ポルトガル王女イザベルの血筋にありました。ポルトガル王家の血が流れるフェリペ2世が1580年、血が絶えた本家に代わって、ポルトガル王を兼任します。これによって、アジアに進出していたポルトガルの広大な植民地を併合します。

ポルトガルの領土を手に入れたことで、フェリペ2世の領土はオーストラリア、南極大陸を除く、すべての大陸に存在することとなりました。

現代でもスペイン語は中南米を中心に21カ国で公用語とされ、4億もの人々が使用しています。また、スペインの植民地だったフィリピンの国名は、フェリペ2世の名を由来としています。

地中海の覇権をかけた海戦

16世紀のオスマン帝国はキリスト教世界にとって最大の脅威でした。オスマン帝国は東地中海の制海権に加えて地中海全域の制覇に乗り出し、1570年にヴェネツィア領キプロス島を占領します。当時、キリスト教に改宗した元イスラーム教徒のスペイン国内での反乱や、フランスの宗教戦争（ユグノー戦争）、オランダ独立戦争と、西ヨーロッパは混乱しており、オスマン帝国にとって侵攻の好機でした。

危機感を募らせたヴェネツィアは教皇ピウス5世に助けを求めますが、当時最強のオスマン艦隊にローマ教皇の軍事力では対処できません。そこで教皇ピウス5世はフェリペ2世に協力を仰ぎました。カトリックの守護者を自認するフェリペ2世は快諾し、ほかのカトリック国とともにスペイン軍を中心とした連合艦隊を結成します。

1571年10月、連合艦隊285隻とオスマン艦隊約300隻が、ギリシア半島南方のレパント沖で交戦し、連合艦隊が勝利します（レパントの海戦）。

大損害を受けたオスマン艦隊ですが、すぐに再建されます。キプロス島も占領したままであり、東地中海の制海権は依然としてオスマン帝国が握っていたのです。

ただ、無敵と恐れられていたオスマン帝国の敗北によって、オスマン艦隊に奴隷として使われていたキリスト教徒が解放されたほか、キリスト教諸国に自信を取り戻させる精神的な影響を与えました。

レパントの海戦ののち、スペインが統治するネーデルラント（オランダ）で独立を求める反乱が頻発しました。オランダにはプロテスタントが多く、フェリペ2世が弾圧していたことが背景にあります。反乱の背後にはイングランドが暗躍していました。

当時のイングランドはスペインにくらべれば弱小国にすぎません。しかし、イングランド女王エリザベス1世は、ほかにも、フランシス・ドレイクなどの海賊を使ってスペイン船を襲撃させていました。

1587年に、エリザベス1世がカトリックでイングランド王位継承権のあるスコットランド女王メアリ・スチュワートを処刑します。イングランドのカトリック化の可能性が消え、オランダの反乱も収まらないことで、フェリペ2世はイングランドへの派兵を決断します。フェリペ2世は、スペイン艦隊でイングランドの海岸を襲撃し、歩兵部隊を上陸させて首都ロンドンを占拠する計画を立案します。

別艦隊との合流のため、スペインの主力艦隊はカレー沖に到着しました。1588年8月8日夜半、停泊中のスペイン艦隊に炎上する8隻の船が突進してきました。混乱する艦隊にドレイク率いるイングランド艦隊が肉薄し砲撃します。このイングランド艦隊の夜襲は成功し、スペイン艦隊は弾薬を撃ち尽くして敗北しました。

スペイン艦隊は敵の追撃を逃れて北海を抜け、9月23日にスペインに帰還しました。帰還した大型艦は65隻あまりで、無敵とされた艦隊の半数を消失しました。

じつは借金大国だった

このアルマダ海戦の敗戦以降、スペインは急速に衰退していきます。とはいえ、衰退の要因は海戦以前からの経済的な問題です。カルロス1世の時代から頻繁に起こった戦争によって戦費が財政を圧迫し、1557年から1596年にかけて四度も破産宣言しています。南米からもたらされた大量の銀も、他国の富豪への借金返済に充てられていました。

それでもフェリペ2世は、1597年にアイルランド遠征を企てます。アイルランドのカトリックの反乱を支援し、エリザベス1世が対応している隙にロンドンに攻め込むという計画です。しかし、スペインを発った艦隊は悪天候に巻き込まれ、作戦は失敗に終わりました。

その翌年の1598年、フェリペ2世は持病の痛風の合併症で、マドリード北西のエスコリアル宮殿で死を迎えました。その後、フェリペ3世、フェリペ4世、カルロス2世と子孫が王位を継承しますが、カルロス2世は後継ぎを残さずに死亡します。

1700年、ルイ14世の孫で、フェリペ4世のひ孫にあたるフェリペ5世が即位します。こうして、スペイン・ハプスブルク家の血統は絶え、ブルボン朝スペインが始まりました。

フェリペ2世は、スペインを史上かつてない規模の植民地大国に成長させました。一方で、宗教的情熱によって戦争をくり返し、衰退の道筋もつくったのです。

エリザベス1世

大英帝国と結婚した「処女王」

「イギリスは女王の時代に大繁栄する」という言葉がある。

この言葉のきっかけとなった人物が、イングランド女王エリザベス1世だ。

エリザベス1世即位時のイングランドは、スペインやフランスとくらべて小国であり、経済や宗教、王位継承でも問題を抱えていた。

エリザベス1世は、それらの問題を巧みな政治手腕で克服し、イングランドをのちの大英帝国へと導いていくのである。

〔生没〕1533年～1603年
〔在位〕1558年～1603年

イングランド王国

チューダー朝の成立

15世紀後半のイングランド王国は、相次いだ戦争により疲弊していました。百年戦争ではフランス王国に敗北し、1485年まで続いたバラ戦争では、イングランド貴族ランカスター家と、イングランド王リチャード3世を擁する貴族ヨーク家が王位継承権を争い、国内は混乱に陥ります。結果、両家は共倒れとなりました。

リチャード3世を破ったのが、ランカスター家の傍流チューダー家のヘンリでした。ヘンリは1485年にヨーク家の子女と婚姻し、ヘンリ7世としてイングランド王に即位します。ここに、エリザベス1世まで6代にわたる（メアリ1世と婚姻関係にあったフェリペ2世を入れると7代）チューダー朝が開かれました。

当時のイングランド王国はウェールズとアイルランドを支配下に置いていましたが、人口は400万人ほどでした。フランス王国やスペイン王国、神聖ローマ帝国といった大国にくらべれば、弱小国にすぎません。しかも、大ブリテン島の北部にはスコットランドが独立国として存在していました。

離婚を契機にできた国教会

1509年にヘンリ7世が死去すると、息子のヘンリ（ヘンリ8世）が18歳で即位します。

ヘンリ8世はスポーツが得意で、音楽の才があり、優れた容貌でした。ただし、女癖が悪く、生涯で6回結婚しています。当時のイングランドで多くの人が信仰していたカトリックは離婚を禁止していました。しかしヘンリ8世は、侍女であったアン・ブーリンとの結婚を画策し、最初の妻であるスペイン王女キャサリンとの離婚を決意します。

離婚を合法化するよう議会に働きかけたため、ローマ教皇パウルス3世はヘンリ8世を破門しました。これに対してヘンリ8世は、国王を教会の首長とする「国教会」制度を制定します。これが現在まで続く「イギリス国教会」のはじまりです。

国教会は、教義こそカルヴァン派に近いものの、儀式はカトリックの様式を残しているという折衷的な特徴を有しています。

エリザベス1世を中心としたイングランド王家

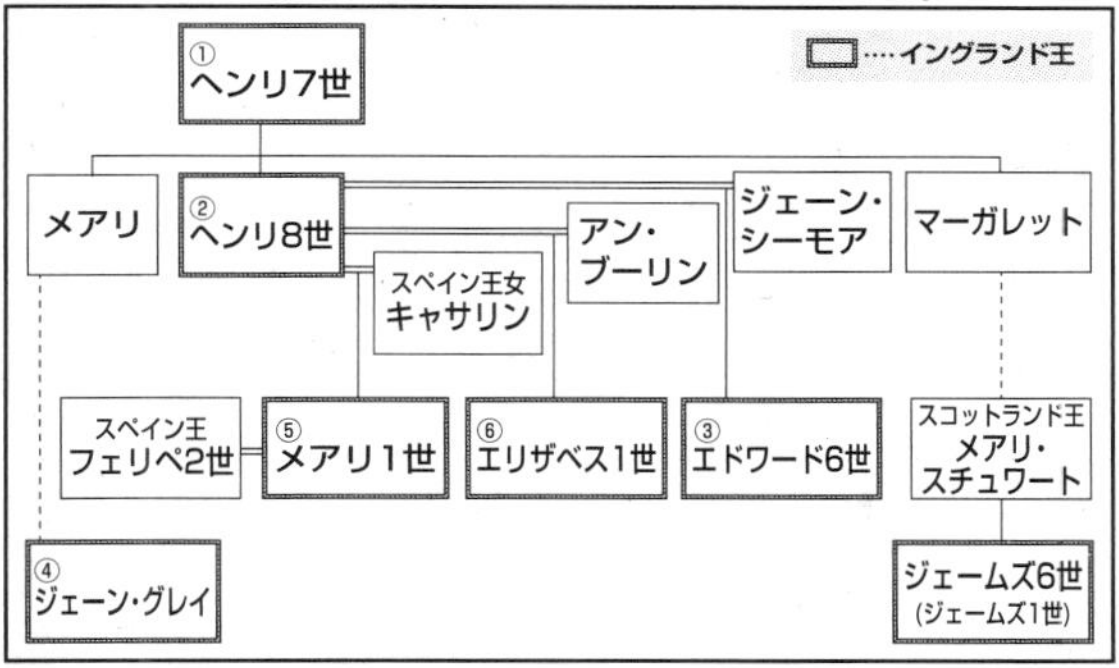

ヘンリ8世がそうまでして離婚したかったのは、政権安定のため、多くの男子を欲していたものの、なかなか生まれなかったことが理由です。

キャサリンは1516年にのちのイングランド女王メアリ1世を、アン・ブーリンは1533年にのちのエリザベス1世を生んでいます。

離婚後、キャサリンはイングランドのキンボルトンで軟禁され死去します。アンも姦通罪の嫌疑で処刑され、この際、エリザベスは王位継承権を剥奪されています。

3番目の妃となったジェーン・シーモアは待望の男子(のちのエドワード6世)を生みましたが、産後すぐに息を引き取ります。4

番目の妃、ドイツ貴族の娘であるアン・オブ・クリーブスとはすぐに離婚し、5番目の妃、元女官キャサリン・ハワードは姦通罪で処刑されます。6番目の妃であるキャサリン・パーとの婚姻時点でも子どもが少なかったため、エリザベスの王位継承権が復活します。

1547年に56歳でヘンリ8世は他界し、9歳のエドワード（エドワード6世）が王位を継ぎます。

ロンドン塔からの生還

ところが、エドワード6世は15歳で死去します。その混乱をついて、野心家であるノーサンバランド公が、息子ギルフォードとヘンリ7世のひ孫ジェーン・グレイを結婚させ、16歳のジェーンをイングランド女王に据えます。しかし、ジェーンの在位期間はわずか9日間でした。ヘンリ8世の長女メアリが挙兵し、ジェーンとギルフォードをロンドン塔で処刑します。

1553年、メアリはイングランド史上初となる女王メアリ1世として即位すると、カトリック復興に動き、プロテスタントの迫害を始めます。迫害は苛烈であり、プロテスタント300人を処刑したため、人々はメアリ1世を「血まみれメアリ」と呼び、恐れました。さらに、メアリ1世はスペイン皇太子のフェリペ（のちのフェリペ2世）と結婚し、カトリック教国であるスペインに近づきます。

このころエリザベスは、メアリの即位後すぐに起こったプロテスタントによるワイアットの乱に共謀したと疑われ、ロンドン塔に収監されていました。2カ月後、反乱の首謀者が処刑される直前にエリザベスの潔白を証明したことで、エリザベスは監視付きで釈放されます。

1558年にメアリ1世は病死、同年11月17日に25歳のエリザベス1世がイングランド議会の承認を得て、イングランド女王に即位しました。

国家と結婚した女王

現存する肖像画や当時の逸話によると、エリザベス1世は赤毛でやせており、流行していた白粉を顔に塗りたくっていました。当時の白粉には鉛が含まれていたので肌が荒れてしまい、それを隠すために厚く塗るという悪循環に陥りました。あまりに厚く塗りすぎたため、表情を変えることも難しかったようです。当時の肖像画の表情が硬いのは、こういった事情があったためだといわれています。また、エリザベス1世は29歳のとき天然痘にかかり髪が抜けたため、かつらを常用していました。

エリザベス1世は頭脳明晰な人物でした。というのも、エドワード6世の学友として、当時の女性としてはめずらしく高度な教育を受けていたからです。フランス語やイタリア語、ラテン語、ギリシア語に堪能で、神学についても明るかったといわれています。

イングランド女王という立場から、エリザベス1世には各国の王族から求婚が殺到しました。具体的には、メアリ1世の元夫フェリペ2世や、神聖ローマ皇帝の三男、フランス王シャルル9世などです。ところがエリザベス1世は求婚を拒みます。世継ぎや政略結婚を望むイングランド議会がその理由を尋ねたところ、「自分はすでにイングランドと結婚している」とエリザベス1世は答えます。

国民へのアピールもあったのでしょうが、婚姻は外国からの内政干渉を生み、小国のイングランドにとって死活問題となる可能性があったからです。こうして、婚姻への態度を曖昧にすることで、エリザベス1世をめぐる他国同士に恋の鞘当てをさせて翻弄し、その間にイングランド興隆の基礎を固めていくのです。

エリザベス1世は生涯結婚しなかったことから「処女王」という異名がありますが、実際は家臣のロバート・ダドリーや、その義理の息子であるエセックス伯などを愛人とし、晩年まで奔放な恋愛を楽しんでいたようです。

「私は見る。そして語らない」

エリザベス1世は抜擢した有能な人材を、ヘンリ8世以来の枢密院（複数の顧問官からなる最高意思決定機関）に入れ、彼らと相談しながら政策を進めていきました。最重要の政策については、イングランド議会を尊重し、議会の決定に従いました。

議会を構成していたのは、王族や貴族のほか、大地主のジェントリです。エリザベス1世は有能なジェントリを重用し、地方行政を任せるなど政治に参加させます。エリザベス1世が議会に対する自身の姿勢を語ったとされる言葉に「私は見る。そして語らない」があります。これは議会へ口出しはしないことを言っています。

エリザベス1世は即位後、メアリ1世の推進したカトリック政策をやめ、国教会の復興へと転換します。イングランド国王を国教会の唯一の首長とする「首長法」を再発布し、信条と慣行を定めた「礼拝統一法」によって国内の宗教改革を完遂しました。

経済面では、ヘンリ8世時代に流通していた粗悪な貨幣を良質なものに変えることで、ポンドの信用を上げ、経済の安定をはかりました。これにより即位当時には破綻寸前だったイングランドは、1568年までに立ち直ったといわれています。

その後、アメリカ大陸への進出や東インド会社を設立するなど、活発に海外進出をはかります。経済活動が活発化したことで海外への毛織物貿易が盛んになり、領主やジェントリは農民から取り上げた農地を柵で囲い牧羊地に転換しました。こうした重商主義政策が、のちの産業革命の萌芽となります。

一方で、土地を失った農民が低賃金労働者となり貧富の差が拡大し、国内に失業者があふれました。

この事態に1601年、近代社会福祉制度の出発点ともいわれる「救貧法」を制定します。働けない老人や障がい者に救済金を支給し、働ける者には職を斡旋しました。貧民の子弟には徒弟制度を利用させて技術を学ばせ、失業率低下に一役買います。

ライバルはスコットランド女王

エリザベス1世と同時期、スコットランド王国もまた女王が治めていました。スコットランド女王メアリ・スチュワートはエリザベス1世の従兄弟の娘にあたり、イングランド王位継承権を持っていました。

エリザベス1世の即位時、メアリ・スチュワートはフランス王（フランソワ2世）の妃でしたが、「エリザベス1世は王位継承権のない庶子で、自分こそが女王にふさわしい」と主張します。訴えを聞いたイングランド議会は、即座にエリザベス1世を嫡子と認定し、フランスの介入を防ぎます。こうして両者の間には遺恨が残りました。

1560年にフランス王が死去したことで未亡人となったメアリ・スチュワートは、翌年、スコットランドに帰国します。そこで従兄弟のダーンリーと再婚し、息子ジェームズが生まれます。ところが、ダーンリーは爆殺され、内紛の末にメアリは廃位となり、イングランドへと亡命します。

エリザベス1世はメアリ・スチュワートを受け入れました。ところが、メアリ・スチュワートは、1586年にイングランドのカトリック教徒と共謀して、エリザベス1世の暗殺を企てます。計画は露見し、メアリ・スチュワートには死刑判決が下されました。エリザベス1世は血族ゆえか、死刑執行の命令書へのサインを渋ったと伝わります。翌年にメアリ・スチュワートは斬首刑に処せられました。

無敵艦隊を破り海洋国家に

メアリ・スチュワートの処刑により大国スペインが動きます。スペイン国王フェリペ2世は、メアリ・スチュワートがイングランド女王になることで、イングランドのカトリック化が進むことを期待していたからです。

それに対してイングランドは、海外貿易で競合するようになったスペインを牽制するようになっていました。スペイン支配下のネーデルラント（オランダ）でプロテスタントの反乱を支援したり、政府公認の海賊、私掠船を使って、南米からスペインに運ばれる銀を略奪し、損害を与えたりしていました。

エリザベス1世は、私掠船船長の中でもとくにフランシス・ドレイクがお気に入りで、「私の海賊」と呼んで重用し、騎士に叙任します。ドレイクは、マゼランに次いで世界一周を成し遂げた人物であり、航海の途中で各地のスペインの植民地を襲撃していました。

1588年、イングランドの所業に堪忍袋の緒が切れたフェリペ2世は、当時最強とうたわれたスペイン艦隊、通称「無敵艦隊」を差し向けました。艦隊でイングランドに陸軍を送り込み、ロンドンを占領するという計画です。

対するイングランド艦隊の艦船は、小型ながら艦砲の射程距離が長いという特長がありました。ドレイクが指揮官の一人として率いていました。

両艦隊はフランス・カレー沖で激突し、炎上した船をぶつけるというドレイクの奇策でイングランド艦隊が勝利します。ドレイクが交戦前にスペイン艦隊を襲い、備蓄品を焼失させたことも勝因です。スペイン艦隊の士気が著しく落ちていたのです。

このアルマダ海戦の敗北後、スペインの国力は衰え、イングランドが海洋国家として台頭します。

1600年には、エリザベス1世は東インド会社を設立し、アジア全域の貿易独占権を与えました。東インド会社は、香辛料や茶の貿易のほかにも、インドなどの植民地拡大に重要な役割を果たします。

なお、エリザベス1世はアメリカ大陸にも寵臣ウォルター・ローリー卿を送り、植民地を設けようとしましたが、こちらは失敗しています。

チューダー朝の終焉

エリザベス1世の晩年は、問題が山積していました。国内の新旧教徒の対立、支配下にあったアイルランドの反乱、凶作などが続き、財政が逼迫していました。そこでエリザベス1世は財政補填のため「独占特許権」を制定します。しかし、これは企業家に与えられた産業の独占権であったため、物価の高騰を招き、民衆から不満の声が上がります。

1601年、議会でエリザベス1世は、「国民の愛情を得て国を統治できたことが、私の王冠の栄光なのです」と語り、独占特許権の見直しを約束しました。国民の幸福を考えたこの演説は「黄金のスピーチ」と呼ばれています。

その後、信頼していた首席顧問官バーリー卿、親友であるノッティンガム伯爵夫人が相次いで死去すると、体調を崩し、1603年に息を引き取りました。

子どもがいなかったエリザベス1世は、メアリ・スチュワートの子にしてスコットランド王ジェームズ6世を後継者に指名しており、ジェームズ6世はイングランド王ジェームズ1世を兼ねました。これによって、イングランド（アイルランド含む）とスコットランドが、同じ君主を戴く「同君連合」が成立しました。

絶対王政のもとでジェームズ1世は国教会制度を強化し、ほかの宗派を認めなかったため、新教徒が海外に逃れ、その一部はアメリカ大陸に移住します。さらに、ジェームズ1世の子のチャールズ1世は、専制政治を極めたことで議会と対立し、1640年の「ピューリタン革命」を招きます。

エリザベス1世の治世は「エリザベス朝」とも呼ばれています。ヨーロッパの弱小国だったイングランドにおいて、エリザベス1世は経済、産業、宗教などの分野にわたるさまざまな政策を断行して世界各地に植民地を広げ、のちに「大英帝国」へと発展する基盤ときっかけを築いたのです。

アクバル大帝

改革と融和がもたらした平和

古代文明の発祥の地の一つであったインド亜大陸。逆三角形をしたこの地域がまとまり、一つの国家となったのは、それほど古い話ではなく、３００年ほど前だ。

有史以来、小国が分立した状態が長かったインドでは、16世紀にムガル帝国が北部を支配下に置き、南へと勢力を拡大させていった。少数派であるイスラーム教徒の王族が、多数を占めるヒンドゥー教徒を統治するシステムが安定していたのは、第3代皇帝アクバルによるところが大きい。

〔生没〕1542年～1605年
〔在位〕1556年～1605年

ムガル帝国

多数の宗教が共存した奇跡の空間

第二次世界大戦後に独立を果たしたインドは、国内に多くのイスラーム教徒を抱えつつも、ヒンドゥー教徒が人口の約8割を占めています。

16〜19世紀にインド亜大陸の南部を除く大部分を統治していたムガル帝国は、人口のうえでは少数派のイスラーム教徒の王族が多数のヒンドゥー教徒を支配する構図でした。とはいえ、ムガル帝国の最盛期を築いた第3代皇帝のアクバルは、極めて異教徒に寛容な姿勢で国を治めていました。

1574年、アクバルはインド北部のアグラ近郊に、新たな都ファテープル・シークリーを築きます。新都の王城は中東のイスラーム寺院に多く見られる玉ねぎ型の屋根を備えつつ、外観は赤褐色で柱の形状などはヒンドゥー寺院の影響が強く、インド古来のヒンドゥー教文化とイスラーム教文化の融合を象徴しています。

アクバルは王城の敷地内に「信仰の館」を建て、イスラーム教で主流のシーア派、これと対立するイスラーム教のスンナ派、ヒンドゥー教の聖職者、さらにはポルトガルから渡来したキリスト教の宣教師、インドでは少数派のゾロアスター教徒、ジャイナ教徒、仏教徒までも集め、自由な宗教論議を行わせました。

これほど多様な宗教者が集う場が成立し得たのは、東洋と西洋の中間に位置するインドという立地、そして異文化に理解を示したアクバルの度量ゆえでしょう。

モンゴル帝国を継承したムガル王朝

インド亜大陸の数々の王朝の歴史において、アクバルは紀元前3世紀のアショーカ王と並ぶ名君とされることがあります。マウリヤ朝の最盛期を築いたアショーカ王は、インド亜大陸の南端を除くほぼ全土を支配下に置き、深く仏教に帰依しながら、バラモン教やジャイナ教などの異教徒を保護しました。

15世紀まで、インド亜大陸の大部分が統一されたのは、マウリヤ朝の時代くらいです。北部では4〜6世紀にグプタ朝が栄えたのち、小国分立の時代が続き、西方のペルシア（イラン）に起源を持つガズナ朝、中央アジアに起源を持つゴール朝など、南部ではドラヴィダ族によるパッラヴァ朝、チョーラ朝などが興亡しました。

インドの主な王朝

地域	時代	王朝名
北部	紀元前7～紀元前3世紀	マガダ国
北部	紀元前3～1世紀	マウリヤ朝
北部	1～4世紀	クシャナ朝
北部	4～6世紀	グプタ朝
北部	6～7世紀	ヴァルダナ朝
北部	10～12世紀	ガズナ朝
北部	12～13世紀	ゴール朝
北部	7～13世紀	ラージプート諸王朝
北部	13～16世紀	デリー・スルタン諸王朝
北部	16～19世紀	ムガル帝国
南部	紀元前3～4世紀	古代チョーラ朝
南部	3～9世紀	パッラヴァ朝
南部	9～13世紀	チョーラ朝
南部	14～16世紀	ヴィジャヤナガル王国
南部	16～19朝	マイソール王国

7世紀にインド北部を支配したヴァルダナ朝が衰退して以降、仏教を保護する有力な王朝は現れず、各地ではヒンドゥー教が支配階級と結びつくようになります。

13世紀以降、インド北部ではデリー・スルタン諸王朝と呼ばれるイスラーム系王朝が続きます。土着のヒンドゥー教徒の多くはイスラーム教を敵視しましたが、伝統的なカースト制度に起因するきびしい身分差別から逃れるため、しだいにイスラーム教に改宗する者も増えていきました。

さらに、シルクロード貿易に携わるイスラーム教徒の商人によって東西の文物がもたらされます。

こうした中、1526年、現在のアフガ

ニスタンにあたる地域から侵攻したバーブルが、新たにムガル帝国を築きます。

バーブルはモンゴルと縁深い血筋でした。父方の先祖はモンゴル系のイスラーム教徒で14世紀に中央アジアの大部分を一代で征服したティムール、母方の先祖はモンゴル帝国のチンギス＝ハンの一族です。加えて、ムガルという王朝名は「モンゴル」に由来します。このことからもわかるように、近世までのインド北部は今日の国境とはまったく異なり、現在のアフガニスタンやイラン、中央アジアとひとつながりの地域でした。

バーブルの息子のフマーユーンは、インド西北のビハールから侵攻してきたスール朝によって王都デリーを占領され、一時的にペルシアに亡命したのち、1555年にスール朝を打倒してデリーを奪還しました。ところが、フマーユーンはその翌年に宮中での事故で急死し、13歳だった嫡男のアクバルが即位します。

一夫多妻制により友好関係を保つ

アクバルの治世の初期は、バーブルの時代から重臣だったバイラム・ハーンが実権を握っていました。すでに50代のバイラムは歳の離れた19歳の王女を妻にするなど専横な態度のため、宮中で多くの反発を招いていました。そこでアクバルは、バイラムにメッカへの巡礼を命じて追いやり、以降はみずから政治を主導します。

ムガル帝国の支配下には、ラージプートと呼ばれるヒンドゥー教徒の王侯による小王国がいくつもありました。バイラムは異教徒に容赦のない強硬派でしたが、アクバルはラージプート勢力との関係改善をはかります。

アクバルはラージプートの一派であるアンベール王国の王女マリヤムを妻に迎えました。この二人の子がのちに第4代皇帝のジャハーンギールとなります。この婚姻を皮切りに、アクバルはラージプートの王族たちと次々と形式的な姻戚関係を結びました。一夫多妻制であるイスラーム文化圏ゆえの政策といえるでしょう。

当時のイスラーム教国では、改宗を受け入れない異教徒には人頭税（ジズヤ）など各種の税金をかけるのが通例でした。しかしアクバルは、１５６３年にヒンドゥー教徒の聖地巡礼に税をかけないこととし、翌年には人頭税を全面廃止しました。ヒンドゥー教徒への寛容さを示しつつ、同時に、夫を亡くした妻が後を追って殉死するというインド古来の習慣（サティー）を改めるように働きかけました。

アクバルはラージプート諸王の支持を得て政権を安定させる一方、各地への遠征をくり返しました。1573年までに現在のパキスタン南西部にあたる地を支配下に置き、続いて現在のネパールに接する東北部、北方のカシミールを制圧します。さらにインド中部のデカン高原にあった複数のイスラーム系王朝を併合し、ムガル帝国はインド亜大陸の南部を除く大部分を版図に収めました。

領土拡大とともに、アクバルは中央集権的な行政機構を整備します。貴族階級はマンサブという官位によって区分し、位に応じて領地の徴税権（ジャーギール）が与えられました。そして、貴族が自分の領地で独占的な権力を持つことを防ぐため、徴税権を与える土地は定期的に変更されました。

こうしたアクバルによる一連の改革は、貴族の力を削ぐことで皇帝への権力集中を強めるとともに、各地の領民に対する中間搾取を排除し、農民の利益を拡大することにもなりました。

ちなみに、アクバルの治世の後期にあたる1580年当時、ムガル帝国の貴族の顔ぶれは、西方出身のペルシア人が47人、中央アジア出身のウズベク人が48人、ヒンドゥー教徒のラージプートが43人だったといわれています。

宗教への興味が昂じて教祖に

アクバルの業績で特筆すべきは、宗教政策を含む文化面です。

アクバルは字が読めませんでしたが、知識欲は非常に旺盛でした。宮廷にはあらゆる階層の臣民が出入りし、多くの人間の話を聞くことを好みました。皇帝専用の図書館には2万4000冊もの蔵書を備え、たびたび臣下に朗読させています。興味の範囲は宗教や文学から、造船、武器などの工業技術にまで及び、多数の銃の内部を一度に洗浄する装置などをつくらせています。

ムガル帝国の領土

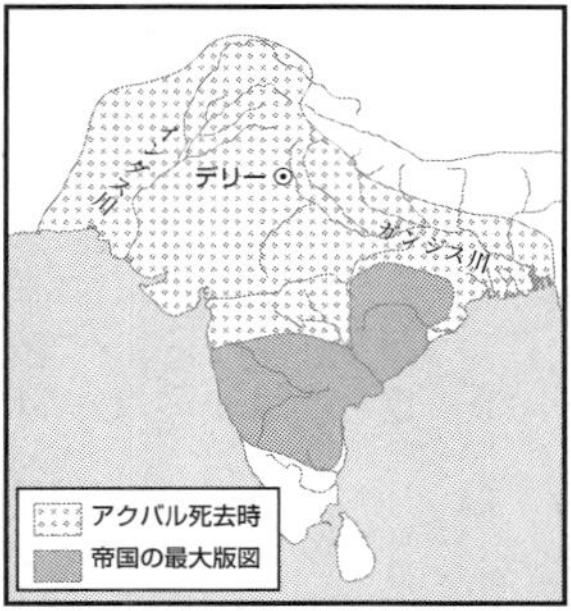

それまでの北部の王朝とは異なり、インドの南部にまで支配地を広げた。

また、アクバルはインド古来の叙事詩『マハーバーラタ』をペルシア語に翻訳させるなど、インド文化と西方のイスラーム圏の文化交流を積極的に進めました。イスラーム教文化圏では偶像崇拝を禁止しているため、人物画や彫刻などの美術は活発ではありませんでしたが、ペルシア人の画家を100人以上も宮殿に招き、インド独自の華やかなムガル宮廷絵画の発達をもたらしました。

先に触れたように、さまざまな宗教家との対話を好んだアクバルは、1582年にディーネ・イラーヒー（神の宗教）という新宗教を創始します。肉食の禁止や唯一神の信仰などで、イスラーム教やヒンドゥー教、ゾロアスター教などの基本要素のみをまとめたようなものです。ただし、信徒はほぼ宮中関係者のみでした。一般への布教はしていません。どうやら、臣下に多様な宗教の信徒がいるので、衝突が起こるのを防ぐため、便宜的に自分が教祖となる宗教を興したようです。

イギリス支配で進んだ一体化

アクバルの晩年、子のサリームが反乱を起こしますが、投降して許され、第4代皇帝ジャハーンギールとして即位します。このジャハーンギールの息子が、「タージ・マハル」を築いたシャー・ジャハーンです。ムガル建築を代表するタージ・マハルは、王妃ムムターズ・マハルの霊廟であり、現在では世界遺産に登録されています。

続いて第6代皇帝アウラングゼーブの時代、ムガル帝国は南端を除きインド亜大陸のほぼ全土を支配下に置きます。

ところが、イスラーム教の信仰に熱心だったアウラングゼーブがヒンドゥー教をはじめとする異教徒への人頭税を復活させたところ、人口では多数派のヒンドゥー教徒の反発が高まります。さらに、17世紀からインド各地に商業拠点を築き、軍を駐屯させていたイギリスが勢力を拡大していき、1857年には大規模な反英運動のインド大反乱（セポイの乱）が起こります。これを制圧したイギリスはムガル皇帝を廃位させて、インド全土を植民地化しました。

イギリス人はインド支配にあたり、意識的にヒンドゥー教徒とイスラーム教徒の分断をはかりました。皮肉なことに、全土が植民地化されたことで、インド全体を一つの国と見なすヒンドゥー・ナショナリズムが高まります。

その後、1947年にインドは独立を果たしますが、イスラーム教徒の多い地域は、パキスタンとバングラデシュとして分離・独立します。

だからこそ、ヒンドゥー教徒とイスラーム教徒の融和をはかったアクバルは現在のインドにおいて、尊敬を集めています。

ルイ14世

戦争と宮殿にこだわった「太陽王」

フランス史において「大世紀」と呼ばれた18世紀。72年間にもわたって君臨したのがルイ14世であった。絶対王政期にあたるこの時代は、中世の封建体制を脱し、国王の手によって中央集権化が進められ、統一国家としてのフランスの枠組みが固まる。

壮麗なヴェルサイユ宮殿と優雅な宮廷文化だけでなく、血筋や家柄より実力重視の官僚機構、国勢調査による国民の把握と統一された国語、芸術家の保護による文化の育成など、ルイ14世が後世に残したものは数多い。

〔生没〕1638年～1715年
〔在位〕1643年～1715年

フランス王国

引き継がれてきた「ルイ」の名

フランスの観光名所として名高いヴェルサイユ宮殿は、17〜18世紀の華やかな宮廷文化の象徴といえます。君主の財力と権力を誇示すべく、この宮殿を築かせたのが、ルイ14世です。

ルイ14世は、16世紀に成立したブルボン朝の第3代国王です。そもそも「ルイ」の名はどこからきているのでしょうか。フランス史においてこの名は古く、9世紀にカール大帝（シャルルマーニュ）の没後、フランク王国を継いだルイ1世（ドイツ語圏ではルートヴィヒ1世）にはじまります。

フランク王国が分裂して誕生した西フランク王国では、10世紀にカロリング朝が断絶し、カロリング家の傍系のロベール家がカペー朝を創始しました。一般的に、このカペー朝以降は「フランス王国」と呼称されます。14世紀にカペー朝が絶えると、その傍系からヴァロワ朝が成立します。ヴァロワ朝も1589年に途絶え、その傍系であったアンリ4世がブルボン朝を創始しました。つまり、ブルボン朝の先祖はカロリング家で、「ルイ」の名は4つの王家で継がれてきました。

1643年、ルイ（ルイ14世）はわずか4歳で即位します。はじめは母アンヌが摂政を務めました。ちなみに、ルイ14世の父のルイ13世も8歳で即位して、イタリアの富豪メディチ家出身の母マリーが摂政となっています。

当時のフランスは、国内ではカトリックと、王室に敵対的なユグノー（新教徒）の対立がくすぶる一方、国外では神聖ローマ帝国で勃発した三十年戦争に介入し、ハプスブルク家（オーストリア）の力を削ぐべく、新教国のデンマークとスウェーデンに味方しました。しかし、三十年戦争への参戦を決めた宰相リシュリューとルイ13世は相次いで死去します。

中央集権を確立させた「官僚王」

後年の華やかな宮廷のイメージとは裏腹に、幼少期のルイ14世は苦労人です。三十年戦争などによって財政が悪化していました。そこで、宰相マザランが官僚の減給や、増税を断行したところ、多くの貴族や市民がこれに反発し、1648年にフロンドの

歴代フランス王朝とブルボン朝の家系図

時代	王朝名（国名）	創始者
987～1328年	カペー朝（フランス王国）	ユーグ・カペー
1328～1589年	ヴァロワ朝（フランス王国）	フィリップ6世
1589～1792年 1814～1830年	ブルボン朝（フランス王国）	アンリ４世

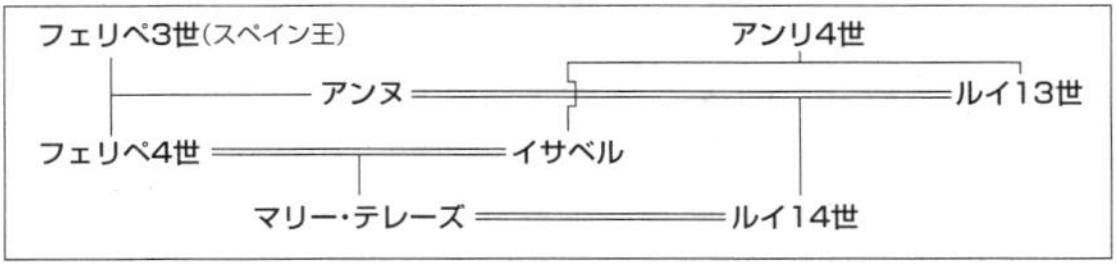

乱が起こります。一部の王族も反乱に荷担したことで、10代前半だったルイ14世は二度にわたって母アンヌとともにパリを離れ、逃亡生活を余儀なくされました。

1661年にマザランが死去すると、22歳になっていたルイ14世は後任の宰相を置かず、直属の最高国務会議を通じた親政を開始します。国王への権力集中の論拠とされたのは、神学者ボシュエが主張した「王権神授説」です。これは、王の権力は神から授けられたという思想で、ルイ14世はみずから「朕は国家なり」と語ったとされています。

ルイ14世は、フロンドの乱の影響もあってパリに住む貴族や富裕市民に強い不信感を抱いていたといわれ、従来の有力者だった王侯貴族や聖職者の排除をはかります。フランスではアンリ4世の時代から官職の売買が許可されていました。そのため、貴族だけでなく財力や学識のある平民層が官界に進出します。こうした官僚は「法服貴族」と呼ばれ、ルイ14世は積極的に活用します。

その代表格が、毛織物商出身で財務長官に抜擢されたコルベールです。コルベールは、国内で工場制手工業を育成する一方、外国製品に高い関税をかけて、フランス東インド会社などを通じて貿易を拡大するなど、フランスの重商主義を推し進めました。

また、ルイ14世は地方領主の権限を縮小しつつ、みずから任命した地方長官を各地に派遣し、国勢調査を実施して人口を把握します。ほかにも、国内全土の地図の作成、国立の救貧院の建築など、国土と国民全体を視野に入れた政治を執り行いました。

王のための空間として創出された宮殿

ルイ14世が政務と並んで力を入れたのが、ヴェルサイユ宮殿の造営です。パリから約20キロメートル南西に位置するヴェルサイユは、ルイ13世の時代までは、狩りの際に使用する小さな城館があるだけの土地でした。フロンドの乱をきっかけにパリに嫌悪感を抱いていたルイ14世は、ヴェルサイユの土地に政治の中心地を築きます。

ヴェルサイユ宮殿は、壮大な噴水庭園や、数々の彫刻などの美術品を備え、国王の権威を示すショーウィンドウとなりました。ルイ14世は宮殿を国民が自由に見学できるよう開放して、みずから庭園観賞のパンフレットまで書いています。

ヴェルサイユ宮殿での生活は、起床から就寝まで大がかりな儀式の連続でした。起床し着替えると、肖像画で有名な長髪のかつらを着用し、謁見のため参列した貴族たちの前に姿を現します。

毎日の食事では何皿もの多様な食材が並び、国王主催の晩餐会でどの席に座るかは貴族の序列に大きく左右されました。

宮中では仮装ダンスパーティーも盛んに開かれ、ルイ14世は、太陽神アポロンに仮装したことから「太陽王」と通称されるようになりました。

私生活における女性遍歴も派手で、王妃マリー・テレーズとの嫡出子のほか、モンテスパン侯爵夫人やラ・ヴァリエールなどの愛人に産ませた庶子（非嫡出子）を含めると、子どもは20人ほどもいました。若く美しい女性だけでなく、機知に富んだ教養のある女性も好み、庶子も嫡出子と同じように厚遇しています。王妃の死後、46歳のときにマントノン侯爵夫人と再婚しましたが、保守的なカトリック教徒だった彼女の影響を受けてか、以降は女遊びを控えたといわれています。

優雅な宮廷生活の反面、ルイ14世の周囲では、フロンドの乱に参加したボーフォール公などとの王族間での対立や、醜聞の噂も少なくありませんでした。名門貴族ながら多くの犯罪に手を染めていたユスターシュ・ドージェは、じつはルイ14世の異母兄で、バスティーユ監獄に収監された謎の人物である「鉄仮面」（実際には布製のマスクを着用）の正体だったといわれています。

文学振興で標準語を普及させる

今でこそフランスといえば、多くの芸術家や文学者などを輩出し続ける芸術大国としての地位を不動のものとしています。これを確立させたのも、ルイ14世です。

16世紀のヨーロッパにおいて、芸術、文学、自然科学などの中心はルネサンスの発信地だったフィレンツェやヴェネツィアなどイタリア半島でした。そうしたなか、リシュリューが1635年、詩人や劇作家などを支援する学術団体「アカデミー・フランセーズ」を設立します。ルイ14世はその庇護者となり、劇作家のモリエール、『赤頭巾』や『長靴をはいた猫』などで知られる童話作家のペローら、多くの文学者のパトロンを務めました。ほかにも、ヴェルサイユ宮殿の内装を担当した画家のルブランを中心に、王立絵画彫刻アカデミーを設立して芸術家を育成しました。

なぜ、国王が文化人を支援したのでしょうか。それは王室の財力や度量を示すと同時に、中央集権化の手段の一つだったからです。当時は、ブルゴーニュやフランドルといった地方ごとに方言も大きく異なっており、フランス全土で読まれる文学の振興は、統一されたフランス語記法を広めるという意図がありました。

また、ルイ14世はパリのサン・ドニ門など国王の権威を象徴する記念碑的な建造物や国王の銅像などを大量につくらせました。これらも、それまで地元の領主や教会に属していた各地の住民に、「ルイ14世という唯一の君主が支配するフランス」というイメージを定着させ、フランス国民としての意識を持たせる手段だったといえます。

国庫を傾けても続けた対外戦争

1685年にほぼ完成したヴェルサイユ宮殿の造営費用は、国家予算の約8%を占めていました。しかし、それ以上に戦争が国家予算を逼迫させます。毎年の戦費は、国家予算の約30%を占めていました。

1667年にはフランドル地方の支配権をめぐり、スペインとの間でネーデルラント継承戦争を起こします。さらに、1672年にはイングランド、スウェーデンと同盟し、ネーデルラントに侵攻して仏蘭戦争（オランダ侵略戦争）を起こしました。1688年には、神聖ローマ帝国領内のファルツ選帝侯領の継承問題に介入し、神聖ローマ帝国やイングランド、スペインなどを敵に回してファルツ継承戦争（大同盟戦争）を仕掛けます。

ヨーロッパでの戦争と並行して、北アメリカ大陸での植民地をめぐり、イングランドとの間でウィリアム王戦争が勃発します。海外領土をめぐるイングランドとの対立は19世紀まで持ち越され、第二次百年戦争とも呼ばれます。

ルイ14世治世時のフランス王国

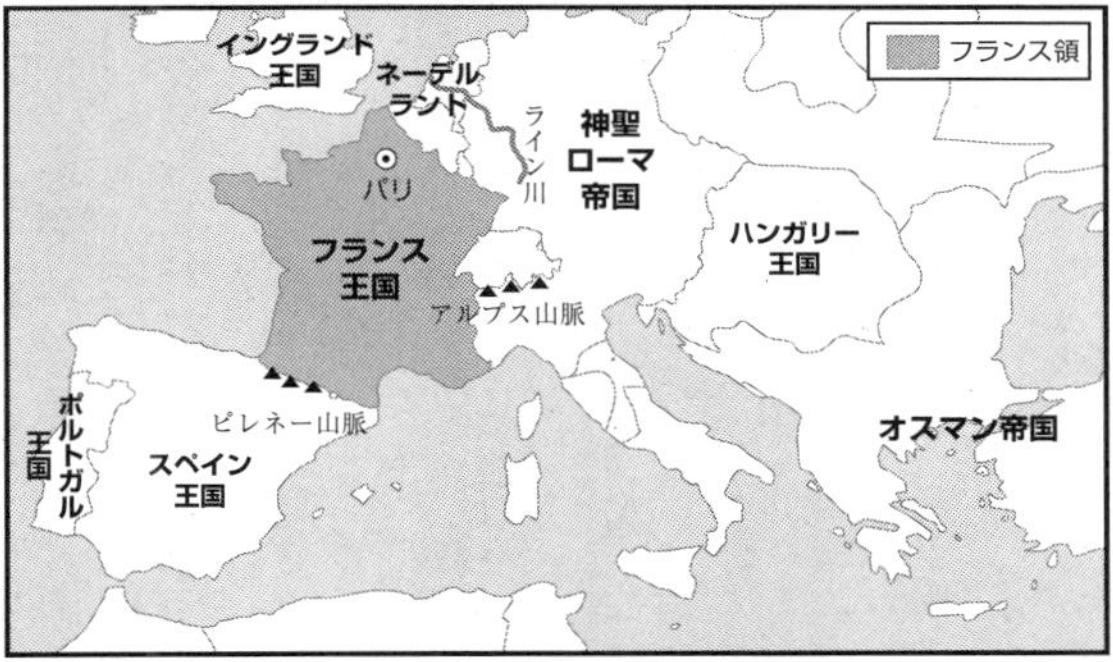

自然国境説に基づき、ルイ14世は次々と周辺国との戦争に踏み切った結果、フランスの国庫を傾けることになってしまう。

晩年の１７０１年には、スペイン・ハプスブルク家の断絶による王位継承問題に介入して、またもイングランドや神聖ローマ帝国などを敵に回して、スペイン継承戦争を起こしました。この戦いはルイ14世が没する前年の１７１４年まで続きます。

一連の戦争は、16世紀以来フランスで唱えられていた「自然国境説」に基づき、南はピレネー山脈、東はライン川までをフランス領と見なし、ブルボン朝の国際的な影響力拡大のために行われました。

現在のフランスの東西南北の国境は、ほぼルイ14世の時代に確定したといえます。もっとも、戦費による国力の消耗は莫大であり、王位継承者の曾孫のルイ（のちのルイ15世）には「戦争については、決して私をまねてはいけない」と遺言しています。

もう一つ禍根を生んだのが、国内のユグノー（新教徒）への弾圧です。１５９８年にアンリ４世は「ナントの勅令」を発して、ユグノーにも信仰の自由を与えました。とはいえ、その後も水面下で宗教対立は続き、１６８５年にルイ14世は「フォンテンブローの勅令」を発して、ナントの勅令を廃止します。中央集権を進めるルイ14世としては宗教の一元化も必然だったのです。結果、約20万人ものユグノーの商工業者がネーデルラントなどに亡命し、一時的に国内の富と工業技術の海外流出を招きました。

幻に終わった「大仏帝国」

ルイ14世の治世は72年間にもおよび、その間に王太子ルイも、その子のブルゴーニュ公ルイも死去してしまいました。このため、１７１５年にルイ14世が死去すると、まだ5歳だった曾孫のルイが王位を継いでルイ15世となります。

ルイ15世はルイ14世の遺言を守らず、１７５６～１７６３年にかけて行われたグレートブリテン王国（イギリス）、プロイセン王国側と、フランス、オーストリアをはじめとしたヨーロッパ列強が争う七年戦争に臨みました。

この時期、現在のドイツ東北部に位置したプロイセン王国が強大化してきたため、フランスは200年近く対立関係にあったオーストリアのハプスブルク家と手を結ぶ必要がありました。一方で、インドでのプラッシーの戦いでフランスはイギリスに敗北し、北米でもイギリス軍に敗れ、北アメリカ大陸とインドへの影響力を失います。

もし、このときフランスが勝利していれば、19世紀には「大英帝国」ではなく「大仏帝国」ができていたかもしれないといわれます。

その後、1774年にルイ16世が即位します。この15年後に「フランス革命」が勃発し、ブルボン朝はフランス史の舞台から降りることになります。革命の背景として、戦費調達のための重税、王族がパリから離れたヴェルサイユ宮殿を政治と生活の場としてきたため、パリに住む市民階級との意識のずれが大きくなってしまった点も指摘されています。これらはルイ14世の負の遺産といえるでしょう。

それでも、革命後も現代にまで引き継がれたフランスという国の枠組み、すなわち国土、統一されたフランス語、中央集権的な官僚機構、優雅な文化大国というイメージの原形は、ルイ14世が築き上げたのです。

康《こう》熙《き》帝

経済改革と領土拡大を果たした「聖祖」

中国史における最後の王朝である清は、漢民族ではなく満州族によって建国された。４代皇帝の康熙帝は61年という長期にわたって君臨する。これは、歴代中国皇帝の中でも最長の在位期間だ。
好奇心と向学心の塊であった康熙帝は、漢民族やキリスト教などの異文化に強い興味を示し、積極的に取り入れる度量の広さを持ち合わせていた。開明的な君主を頂いた清は、過去の中国王朝の中でも類をみない成長を遂げるのである。

〔生没〕1654年～1722年
〔在位〕1661年～1722年

清

ヌルハチが創建した女真族の王朝

古代より中国の王朝では、崩御した皇帝に「廟号《びょうごう》」を贈るのがならわしとなっていました。前漢の「高祖」や唐の「太宗」も廟号であり、それ以外の歴代皇帝にも「祖」、もしくは「宗」のつく廟号が贈られています。「祖」の文字は王朝を建国した皇帝や遷都した皇帝に用いられるのが通例ですが、清の康熙帝こと愛新覚羅《アイシンギョロ》玄燁《げんよう》は4代皇帝でありながら「聖祖」という廟号が贈られています。これは、康熙帝が王朝の創建に匹敵する偉業を成し遂げたからにほかなりません。

清は中国東北部を中心に半牧半農の生活を送っていた女真族が建てた王朝で、康熙帝はその有力氏族であった愛新覚羅氏の出身です。曾祖父のヌルハチ（太祖）は聡明さと武勇を併せ持ち、対立する氏族を次々に制圧し、1616年に女真族の国家を樹立しました。

当初の国号は「アイシン＝グルム」といい、漢字では「後金《こうきん》」と表記されます。中国東北部には1115年から1234年まで女真族が建国した金王朝があり、後金という国号はこの金にちなんで名づけられました。

建国時の後金は明の属国という立場でしたが、晩年のヌルハチは明への敵対姿勢をあらわにし、跡を継いだ息子のホンタイジ（太宗）のもとで後金は中国大陸全土の制圧に乗り出します。

軍勢は長城を突破して北京に迫るも敗北します。戦略を転換したホンタイジは現在の内モンゴル周辺に兵を進め、1635年に元王朝の後身である北元を滅ぼしました。元王室の末裔から「大元伝国の璽」という玉璽《ぎょくじ》（皇帝が使用する印章）を譲り受けたホンタイジは、モンゴル諸部族を統べる「ハーン」、すなわち皇帝となります。

続いてホンタイジは朝鮮王朝も属国化し、明攻略への足場を着々と固めていきます。国号を清に改めたのは1636年のことでした。由来は諸説ありますが、五行説では明は火の徳を有するとされており、それに取って代わる水の意味をもたせるための「氵」と、東の方角を表す色である「青」を組み合わせたとする説が有力です。

同時に民族名も女真から「満州《マンジュ》」へと改められました。由来は中国の東北部に住むとされる文殊菩薩で、「満州」という地名があったわけではありません。

ホンタイジの死後は息子のフリンが3代皇帝（順治帝）に即位します。このころの明は政治腐敗が進んでおり、重税など圧政を強いられた民衆の間では不満が高まっていました。やがて元役人の李自成を指導者とする農民軍の反乱が勃発し、北京は李自成によって制圧されます。明の崇禎《すうてい》帝が自害して1644年に明は滅亡しました。

北京が陥落した理由の一つは、清の侵攻を阻止すべく主力部隊が分散していたことが挙げられます。両国の境に位置する山海関（河北省秦皇島市《しんこうとう》）の守備にあたっていた将軍の呉三桂《ごさんけい》は、明の滅亡を知ると清に降伏し、その先導のもと清軍は北京へと侵攻します。脱出した李自成は各地を浪々としたのちに殺害されたとも、自害したとも伝わっています。こうして清は北京を制圧し、中国大陸の支配者となったのです。

8年がかりで国内平定

康熙帝は父である順治帝の死後、1661年に4代皇帝として即位しましたが、まだ8歳と幼年だったため、当初は老臣が政治を補佐します。親政が開始されるのは14歳になってからのことです。

当時の清の大きな課題は「三藩《さんぱん》」への対処でした。三藩とは清の国内平定に協力した3人の明の降将それぞれによる地方政権の総称で、呉三桂は雲南、尚可喜《しょうかき》は広東、耿仲明《こうちゅうめい》は福建を支配しました。三藩は中央政府に属していたものの、独自の軍隊と行政権を有していました。領内で専横をふるう三藩に対し、康熙帝は取りつぶしを決断し、1673年に三藩の乱が勃発します。

陝西の王輔臣《おうほしん》や広西の孫延齢といった重臣も一斉に挙兵したことで、清は一時、長江以南を占領される事態に陥りました。しかしながら康熙帝は粘り強く戦い続け、8年がかりで乱を鎮圧します。三藩の領地を接収し、中国本土の支配が完成しました。

元王朝をしのぐ版図

清に反旗を翻した当時の勢力の中には、台湾の鄭氏《ていし》政権もありました。

鄭成功は明王室の生き残りを奉じて反乱を起こしますが敗北し、台湾に渡って政権を樹立します。康熙帝は三藩の乱の鎮圧後に台湾へ侵攻し、鄭氏政権を滅ぼしました。

北に目を移すと、当時は不凍港の獲得を目指すロシアが南下の姿勢を強めており、その対処が急務でした。康熙帝はロシアとの国境に面したアルバシンに軍を派遣し、

清における直轄領と藩部

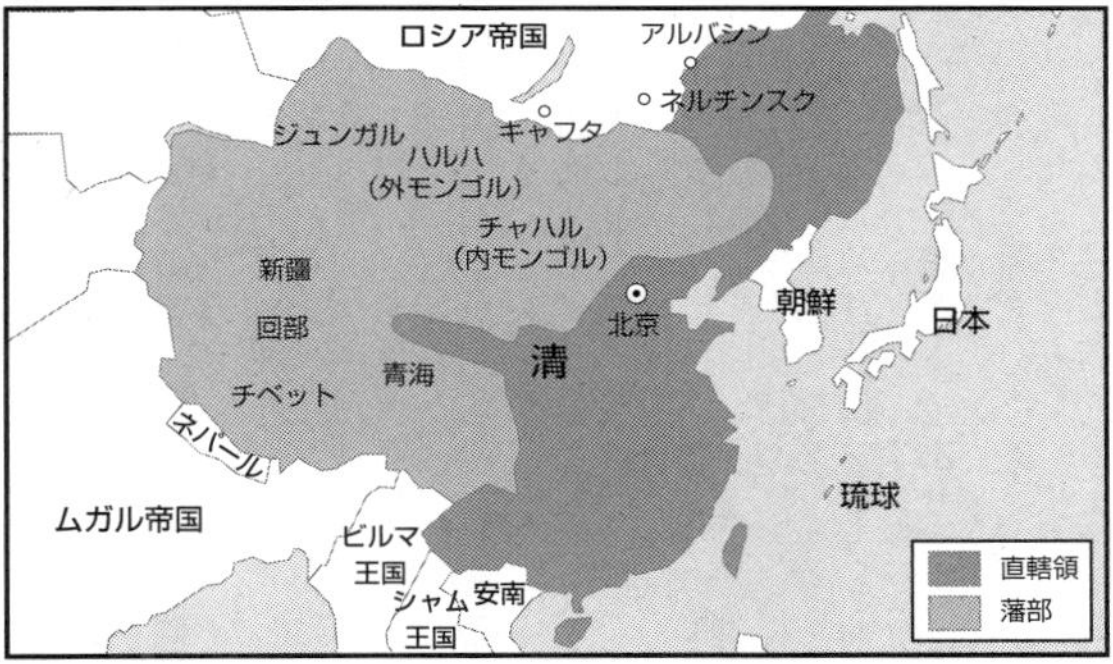

征服したチベットや内モンゴルなどの藩部では自治を認めて間接統治し、それ以外の国土は直轄領とした。

ロシアの要塞を攻撃します。並行して講和に向けた交渉も行われ、両国は１６８９年にネルチンスクで条約を結びました。

新たに定められた国境はアムール川のはるか北、スタノヴォイ山脈の稜線であり、ロシアの当面の南下を阻止しました。

この「ネルチンスク条約」は中国史上初めて西洋の国との間で結ばれた条約でした。中国側に有利な内容だったことは、清朝後期に西洋列強と不利な条約を交わすことを考えれば、特筆に値します。

さらに康熙帝は１６８７年から、モンゴル系部族のオイラートが建国したジュンガルにも軍勢を派遣します。孫の６代・乾隆《けんりゅう》帝治世下の１７５９年まで行われた戦争の結果、外モンゴル、チベット、新疆が支配下に組み込まれます。内モンゴルと青海を加えたこれらの地域は「藩部」と呼ばれ、部族の首長などによる自治が認められていました。台湾やこの藩部を含む清の最大版図は、かつての元をしのぐほど広大でした。

清は元と同じ征服王朝ですが、漢民族へのアプローチは大きく異なり、康熙帝は積極的に満州族と漢民族の融和をはかりました。具体例としては、順治帝の代から取り入れられていた科挙を継続します。また、中央官庁にあたる六部の官僚の定数を偶数とし、満州族と漢民族の割合を同じ（満漢併用制）にしました。

一方で反清的な言論は弾圧し（文字《もんじ》の獄）、漢人男性には辮髪《べんぱつ》を強制しました。

康熙帝は漢民族の文化・伝統にも理解を示し、漢字辞典の『康熙字典』などの編纂事業を行っています。『康熙字典』は高く評価され、記載されている漢字は、昭和初期まで日本における正式な漢字書体の手本とされました。

イエズス会の宣教師ブーヴェによれば、康熙帝は「孔子の著書の大半は暗記している」ほどの読書好きであり、学問好きでした。文学や地理、数学など治世下で編纂された辞典、学術書は多岐にわたります。加えて康熙帝は、イエズス会士から幾何学や西洋音楽なども学んでいたそうです。

人口増加を促した税制改革

康熙帝は民衆の負担増加を避けるべく、数々の減税政策を取り入れます。三藩の乱にともなう戦費も重税を課さずに国庫から捻出しています。戦地付近の民には毎年のように減税処置を施しました。大規模な減税を実現できた背景には、康熙帝の徹底した倹約姿勢があります。明代末期の宮廷費用が1日銀1万両だったのに対して、康熙帝時代の宮廷費用は1カ月で銀500～600両だったといわれています。

国庫にゆとりのできた清では、さらなる税制改革が行われました。古代より中国では人そのものを課税対象とする人頭税が採用されていましたが、清では1711年の成人男子の人口（2462万人）を上限に、それ以上の増加分に対しては丁銀（人頭税）を免除し、別納の地銀（土地税）に一元化することで丁銀を廃止しました。

この「地丁銀」と呼ばれる新税制のもと、1億台半ばで推移していた清の総人口は、1726年に2億人、1790年に3億人を突破したとみられています。ただし、数字通りに実際に人の数が増えていったのかといえば、必ずしもそうではありません。

少なくとも地丁銀の導入からしばらくは、課税逃れのために隠されていた各世帯の人数が、正確に申告されるようになったことによる人口増加とみるべきでしょう。

とはいえ、清が膨大な人口を抱えていた事実に変わりはありません。人口増加を可能にした背景には、ヨーロッパ人の大航海によってトウモロコシやジャガイモ、サツマイモ、カボチャなどアメリカ大陸原産の農作物が中国でも広まったことが挙げられます。

また康熙帝は、中国本土の統一を契機に、明代から続く海禁政策を解除しています。生糸や茶、陶磁器を主力輸出品とする貿易が精力的に行われた結果、ヨーロッパの銀が大量に流入し、清の経済は大いに発展しました。

9人の皇子による後継者争い

さまざまな改革を実行した康熙帝ですが、晩年は後継者問題に頭を悩ませました。35人の子の中で皇太子に選ばれたのは、皇后との間に生まれた第2皇子の胤礽《いんじょう》です。教育熱心な康熙帝は座学だけでなく、ときには皇子たちを戦地に連れていき、軍勢の指揮などを学ばせることもあったそうです。

そんななか、胤礽の側近が謀反の嫌疑で失脚する事件が起こります。後ろ盾を失った胤礽は自暴自棄に陥り、しだいに非行が目立つようになりました。やむなく康熙帝は胤礽を廃嫡します。

満州族には長子相続の習慣がなく、宮中では年長の9人の兄弟たちによる皇位争いが勃発します。これを「九王奪嫡《きゅうおうだっちゃく》」といいます。結局、康熙帝は新たな皇太子を立てないまま1722年に死去し、臨終の際の遺言によって第4皇子の胤禛《いんしん》が5代皇帝・雍正帝《ようせいてい》として、翌1723年に即位しました。

以降の清王朝では皇太子が置かれることはなく、皇帝が後継者の名を記した紙を死後に公開するという「太子密建の法」が採られるようになります。これによって後継者争いがなくなったことも、清の中国支配が安定した理由の一つです。

父の跡を継いだ雍正帝は独裁体制の強化に努め、その子の6代皇帝・乾隆帝は清に最大の版図をもたらしました。清の最盛期はこの3代の治世であり、広大な領土と膨大な人口を誇る現在の中国の礎は、康熙帝によって築かれたともいえるのです。

ピョートル大帝

西欧視察を活かして取り組んだ近代化

ロシアの歴史は、ピョートル大帝（ピョートル１世）の治世の前後で大きく変わっている。行動力をともなった好奇心と強いリーダーシップによる大改革によって、ヨーロッパの後進国であったロシアは西欧化の道を力強く歩み始め、その影響力はベーリング海にまで達した。

ピョートル大帝を近代化に駆り立てた情熱は、なぜ生まれたのか、そしてロシアはどのように変わっていったのだろうか。

〔生没〕1672年～1725年
〔在位〕1682年～1725年

ロシア帝国

皇位継承争いでモスクワ嫌いに

「ロシア帝国」は、皇帝（ツァーリ）であるピョートル1世の時代に始まりました。このロシアの起源をさかのぼると、9世紀ごろに建国された「キエフ公国」と12世紀に成立した「ノヴゴロド公国」にたどり着きます。13世紀は、モンゴル系のキプチャク＝ハン国に支配されていました。この状態を「タタールのくびき」といいます。

やがて、モスクワを本拠とするモスクワ公国のイヴァン3世が、1480年にモンゴルの支配から抜け出します。さらに、イヴァン3世は東ローマ帝国（ビザンツ帝国）最後の皇帝の血縁者を妻に迎えることで、ローマ帝国の継承を主張します。そのため、モスクワは「第3のローマ」と呼ばれることもあります。

1547年には「雷帝」ことイヴァン4世が戴冠式を執行し、正式にツァーリ（皇帝）の称号を用いるようになります。このころに東方の開拓に力を入れて、シベリアにまで領土を拡張しました。

イヴァン4世の死去後、1613年、内紛の末にロマノフ朝の祖ミハイル・ロマノフが即位します。このロマノフ朝2代皇帝アレクセイ・ミハイロヴィッチの2番目の妃の子として、ピョートルは1672年に生まれました。異母姉にソフィア、異母兄にフョードル、イヴァンがいました。

1676年に皇帝アレクセイが死去すると、フョードルがフョードル3世として即位しますが、在位6年で病没します。

その後、ピョートルが皇帝となったものの、ピョートル派とイヴァン派の間で権力争いが起こります。ピョートルの母方の祖父が殺されるなど血なまぐさい事件の末、両派はピョートルとイヴァンをともに皇帝とする共同皇帝体制を敷きます。1682年、10歳のピョートル1世と16歳のイヴァン5世が即位します。イヴァンの実姉で20代半ばのソフィアが二人の摂政となり、以後8年間ロシアを統治しました。この権力闘争でピョートル1世はモスクワに嫌悪感を持ちます。

ピョートル1世は皇帝でしたが、クレムリンでなくモスクワ郊外の村で、帝王学を受けずに育ちます。15歳のころには、貴族や村の子どもを集め、本物の大砲や銃を使った戦争遊びに興じていました。村の馬丁の子で、のちに元帥にまで昇進するアレキサンドル・メーンシコフと出会ったのもこのときです。

ピョートル1世の治世前後のロシア帝国領土

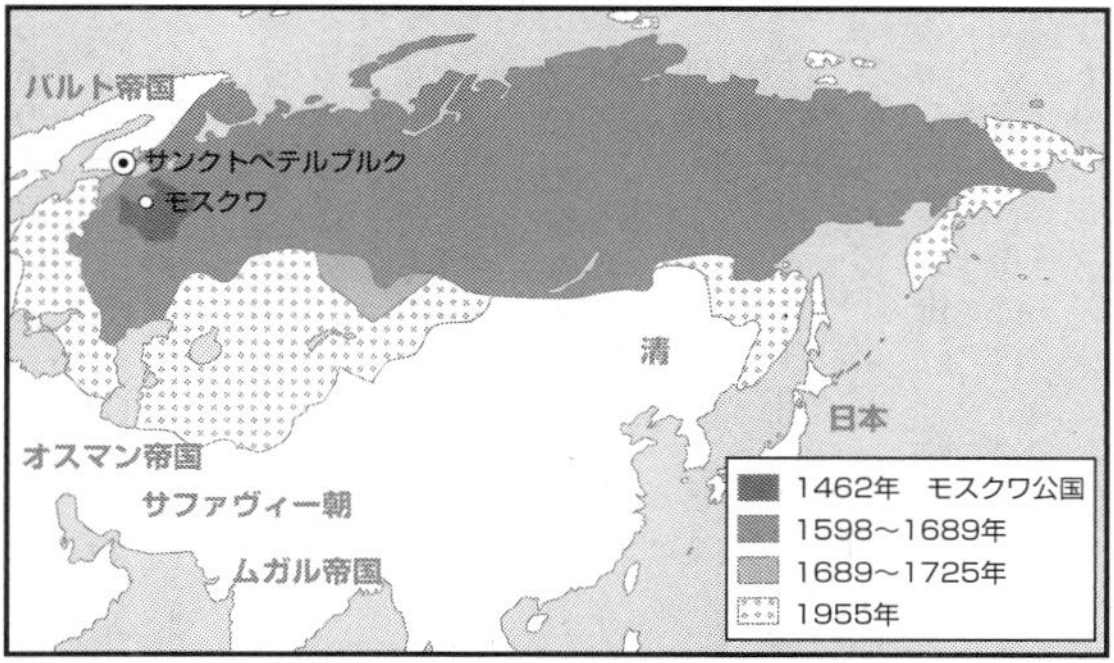

ロマノフ王朝の君主は、東方への開拓を進めていき、ピョートル1世の時代には、ついにベーリング海へとたどり着く。

また、モスクワ郊外には宗教的な理由で建設された外国人村があり、ピョートル1世はしばしばそこへ遊びに行きました。そこにはオランダ人技術者やスイス人傭兵など1200人を超える外国人がおり、ピョートル1世は彼らとの付き合いでオランダ語やダンス、乗馬、フェンシング、操船技術、天文観測術を習得しました。

やがて成長したピョートルは、身長2メートル超の偉丈夫となります。

使節団に混じっての西欧歴訪

ピョートル派は、ソフィアが摂政として権力を振るうことに不満を抱いていました。

1689年にはピョートル1世と3歳年上の貴族の娘エウドキア・ロープヒナを結婚させ、ピョートルを成人とみなしてソフィアを摂政から解任しようと画策します。それを知ったソフィアはピョートル1世暗殺計画を企みますが、暴かれて失脚しました。これにより、イヴァン派は凋落します。

ライバルがいなくなったピョートル1世は、1694年より親政に乗り出しました。翌年には黒海北東部のアゾフ海に面したオスマン帝国のアゾフ要塞を攻撃します。アゾフ海からクリミア半島の向こう側、黒海へ進出したいロシアにとって、アゾフ要塞は厄介なものでした。ピョートル1世自身も砲兵下士官として参加したものの、戦いに敗れます。

その後、ピョートル1世は外国人技術者に軍艦を建造させ、ロシア初の艦隊を設立しました。1696年に再びアゾフ要塞を攻撃し、今度は陥落させます。このことは不凍港の獲得を目指すというロシアの「南下政策」の第一歩でした。

ピョートル1世は、強大なオスマン帝国に局地的に勝利しても、ほかのヨーロッパ諸国と連携しなければ対抗できないと悟っていました。

1697年3月末、西欧に250人もの大使節団を送り出します。大使節団には外交以外の目的もありました。西欧の先進的な技術の習得（武器の購入や工作機械、製図器具の入手）と外国人技術者の雇用です。おどろくべきことに、ピョートル1世自身が偽名で同行しました。偽名だったのは、皇帝の不在を他国に知られたくなかったからとも、儀礼に縛られたくなかったからともいわれています。

ネーデルラント（オランダ）を訪れたピョートル1世は、東インド会社の造船工場で10名の仲間と4カ月間働き、技術を習得しました。ライデン大学では死体解剖の講義を受けています。整然とした街並みや堅牢な家、運河など都市建築にも興味を示しています。イングランドでは、海軍の演習を見学し「ロシア皇帝よりも、イングランド海軍の大将でありたい」と感想を述べたほか、物理学者ニュートンや天文学者ハレーと会っています。

1698年8月、モスクワで銃兵による反乱が起こったという報せを受け、ピョートル1世は急遽帰国します。この反乱の首謀者とされたソフィアは、反乱の鎮圧後、修道院に幽閉され、そこで生涯を終えます。

なお、使節団は1年半の外交を終え、反乱の鎮圧後モスクワに戻りました。

帰国した翌日、ピョートル1世は、出迎えた貴族高官の長いあごひげを、手にしたハサミで切り落とします。当時のロシアでは、ひげなしには天国に行けないという考えがあるくらい、ひげは大切なものでした。以後、あごひげを生やしている者から「ひげ税」を徴収すると宣言します。服装も民族服でなく、ドイツ風の洋服を着るよう通達を出します。ピョートル1世は、国家の近代化にはまず外見からと考えていました。

また、それまで9月から新年だった暦を、イングランドが使用していたユリウス暦に改め、1700年から1月を新年としました。

西欧文明に感化されたピョートル1世を、当時の人々は恐れたといわれています。

宿敵カール12世との北方戦争

ロシアの敵はオスマン帝国だけではありませんでした。バルト海の覇権を握っていたカール12世のスウェーデン（バルト帝国）も脅威でした。

ピョートル1世はデンマーク、ポーランドなどと同盟（北方同盟）を組み、オスマン帝国と休戦します。そして1700年、スウェーデンに宣戦布告し、北方戦争が始まりました。ロシア軍は緒戦こそスウェーデン軍に完敗したものの、軍を立て直して勝利します。

この結果、ロシアはスウェーデンに代わり北東ヨーロッパの強国にのし上がります。1721年にロシアはスウェーデンと和平条約を成立し、現在のバルト3国地方を獲得します。同年、ピョートル1世には、ロシアの行政・司法の最高機関である元老院から「皇帝（インペラール）」「大帝」の称号が授与されました。歴史上、このときに「ロシア帝国」が誕生したとされています。

新都サンクトペテルブルク建設

ピョートル1世は内政面でも大きな改革を実行します。それまではモスクワが首都でしたが、1703年、バルト海に通じるネヴァ川の河口で新都の建設が始まります。スウェーデンへの牽制、ロシア唯一の貿易港アルハンゲリスクが西欧から遠く不便なこと、歴訪した西欧の街並みへのあこがれ、モスクワに対する嫌悪感、といったことが遷都の背景とされています。新都の名称は「サンクトペテルブルク」、ブルクは「街」を表し、「ピョートルの街」と「聖ペテロの街」の二つの意味がありました。

完成したサンクトペテルブルクは、区画整理された計画都市でした。貴族や役人が集められ、1725年には少なくとも4万人の人口を有していました。なお、日露戦争の際、日本海海戦に参戦するバルチック艦隊は、このころに配備されました。

また、ピョートル1世は鉱山の開発を命じ、ウラル山脈以東のシベリアの資源開発が活発化します。結果、国内の鉄の生産量が向上し、兵器分野などの重工業が発展します。その後、鉄は輸出されるようになり、国の重要な財源となりました。イギリスの産業革命も、ロシアから輸入した鉄がなければ、成立しなかったとされています。

「女帝の時代」の到来

晩年のピョートル1世は後継者問題に悩まされました。近代化に否定的だった皇太子アレクセイと対立します。アレクセイがウィーンへ逃亡したため、ピョートルは皇位継承権を剥奪しています。その後、連れ戻されたアレクセイは裁判と拷問にかけられて死刑を言いわたされ、直後に死去しました。

ピョートル1世は、二度目の西欧歴訪でヴェルサイユ宮殿を訪れたのち、膀胱炎を

ピョートル１世を中心としたロマノフ王家の系図

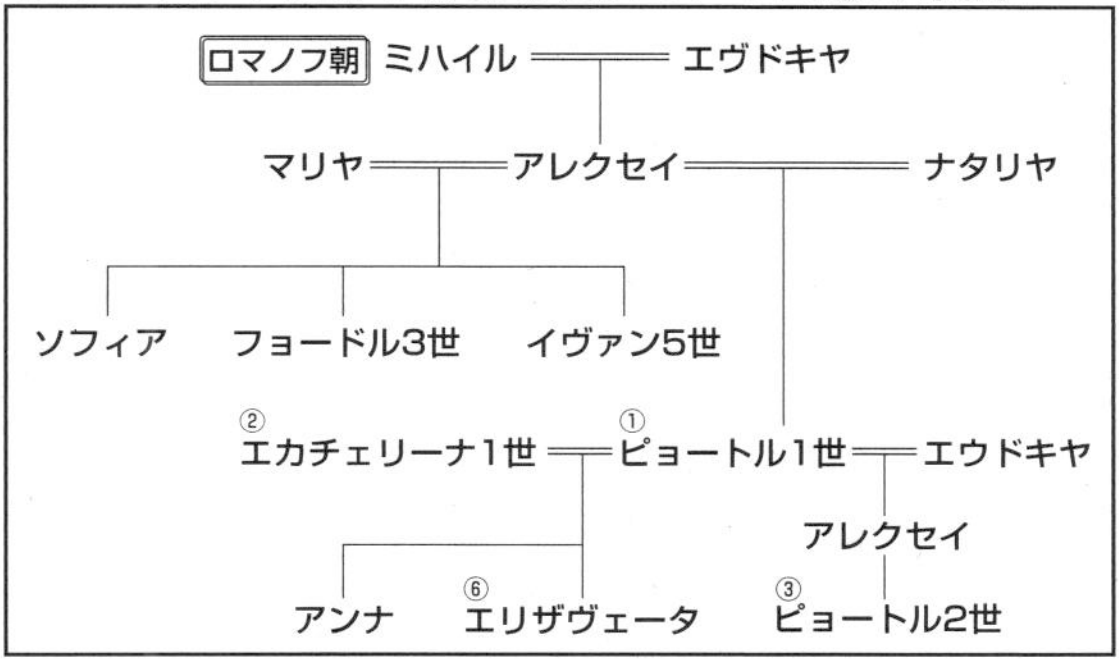

こじらせ、１７２５年に52歳で死去します。
後継として、重臣となっていたメーンシコフの後ろ盾によりピョートル１世の皇后エカチェリーナが即位します。ピョートルが定めた帝位継承法には、男女の区別が無記載だったので彼女は即位できました。
18世紀のロシアは、ほかにもドイツ出身でピョートルの事業を引き継いだエカチェリーナ２世など、計４名の女帝が即位したことから「女帝の世紀」と呼ばれます。
政治や産業、軍事の発展など、ロシアが近代国家へと歩み出したその根底には、ピョートル１世の西欧へのあこがれがあったといえるでしょう。

トルコ帝国の侵攻を退け、ハンガリー、チェコ、ルーマニアを支配下に置いて勢力を盛り返しました。

1700年にはスペインのハプスブルク家が断絶し、フランスとのスペイン継承戦争を経て、フランスのブルボン朝の傍流がスペイン王位を継承します。ただし、旧スペイン・ハプスブルク家の所領だった南ネーデルラント、イタリアのミラノ、ナポリ王国、サルデーニャの支配権はオーストリア・ハプスブルク家に継がれました。これにより、神聖ローマ帝国は、中欧のみならず、西欧、地中海沿岸にも強い影響力を持ち続けます。

一方、スペイン継承戦争を経て、ドイツ北部のプロイセン公国は王国に格上げされ、プロテスタント諸侯国の中で最大の勢力に浮上してきました。

このように、ハプスブルク家が西のフランスと東のプロイセンから圧迫を受ける状況下で、マリア・テレジアは生を受けました。

当初は王位継承者とみなされず、幼少期の記録はほとんど残っていません。

少女期のマリア・テレジアには結婚相手の候補は多く、後年、最大の宿敵となるプロイセンのフリードリヒ2世も候補の一人でした。フリードリヒ2世はマリア・テレ

マリア・テレジアか君臨したころのヨーロッパ

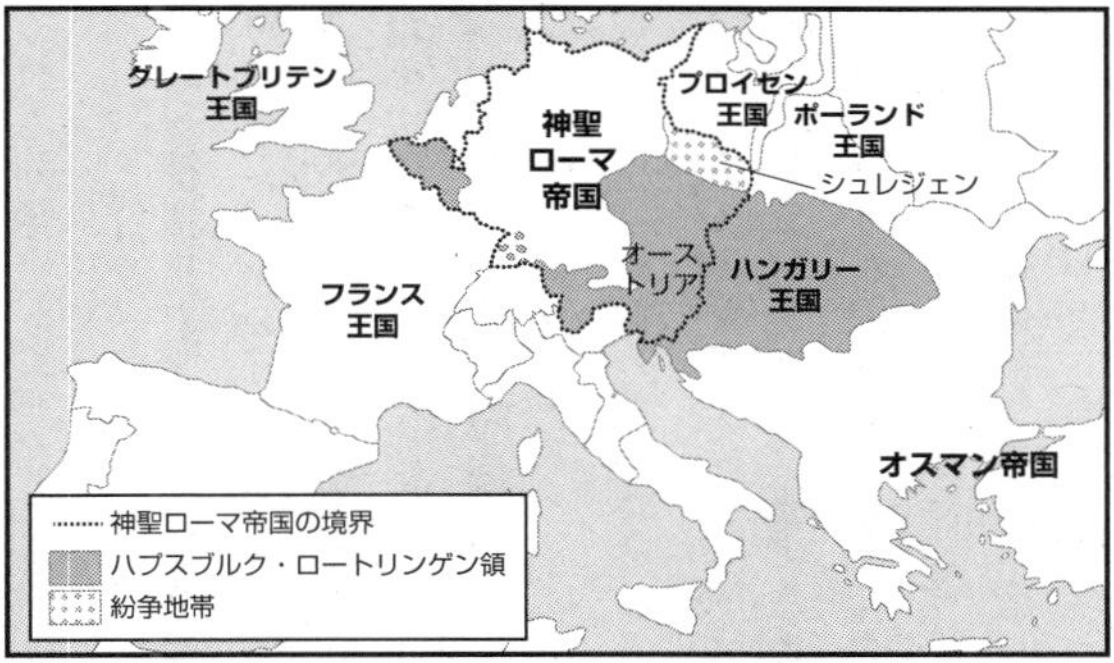

マリア・テレジアはハプスブルク家の領土を引き継いだため、プロイセンやフランスから異議を唱えられ、戦争へと発展していく。

ジアより5歳上で、1740年にプロイセン王に即位します。

教養豊かな人物だったフリードリヒ2世は、国内産業の育成、信教の自由の保障、学校制度の整備などを進め、上からの改革に務める「啓蒙専制君主」の代表格とされています。

マリア・テレジアは19歳のとき、従兄でロートリンゲン公子のフランツと結婚します。当時の王族としては異例の恋愛結婚でした。フランツは妻の影に隠れがちですが、個人資産を巧みに運用して戦費を調達するなど、財務の才能に長《た》けた人物でした。

マリア・テレジアの父であるカール6世は、1713年に国事詔書（家督相続法）

で女性も対象とした長子相続を明文化しました。カール6世の長男レオポルトが早世してしまったため、1740年に長女のマリア・テレジアが即位します。

当時、神聖ローマ皇帝の地位は、選帝侯と呼ばれる王侯貴族たちの選挙によって決まりました。プロイセン王のフリードリヒ2世は、「マリア・テレジアの夫フランツを支持する代わりに、工業地帯のシュレジエン（シレジア）をプロイセンに譲れ」と難題を吹っかけてきました。マリア・テレジアが拒否すると、プロイセン軍はシュレジエンに侵攻します。フランスもこれに同調し、オーストリア継承戦争が勃発します。

このとき23歳のマリア・テレジアは満足に帝王学を受けておらず、為政者でありながら右も左もわかっていませんでした。オーストリア継承戦争は苦戦が続き、追いつめられた彼女はみずからハンガリー議会に乗り込んで涙ながらに協力を訴えます。ハンガリー貴族はか弱い女王のために、一致団結して戦い抜きました。

なお、後世に描かれた絵画では、ハンガリー議会の会議場に乳飲み子の皇子ヨーゼフを連れてきたとされていますが、これは史実ではありません。

1742年には、マリア・テレジアを敵視する勢力の後押しによって、バイエルン王国出身のカール7世が神聖ローマ皇帝に即位します。1745年にはカール7世が急死したためフランツの即位が認められました。一方で戦争はその後3年間続き、結局シュレジェンはプロイセンに占領されます。

敵国と手を組んだ「外交革命」

フリードリヒ2世のもとで急速にプロイセンが大国に成長してゆくなか、マリア・テレジアも対抗して改革を進めます。従来、オーストリアでは地方領主の権限が大きかったため、マリア・テレジアは政治体制を中央集権的に整備し、エリート官吏養成学校のテレジアヌムを設立しました。

こうした中、1756年にグレートブリテン王国（イギリス）とプロイセンは、相互不可侵の「ウェストミンスター条約」を結びます。かねて北米などの海外植民地でイギリスと争っていたフランスは、この事態を大いに警戒しました。

マリア・テレジアの腹心の部下で外交官出身の宰相カウニッツは、これを機会にフランスと同盟を結びます。16世紀から対立していたオーストリア・ハプスブルク家と、フランス・ブルボン家の同盟成立は「外交革命」と呼ばれます。さらに、同じくプロイセンの台頭を警戒するロシアの女帝エリザヴェータも、この同盟に合流しました。

反プロイセン包囲網を恐れたフリードリヒ2世は、先手を打ってオーストリアに与《くみ》するザクセンへ侵攻し、七年戦争が勃発します。グレートブリテン王国はヨーロッパ内の戦闘には介入しませんでしたが、北米やインドでフランス軍と衝突しました。

各国軍に包囲されたプロイセンは劣勢が続きましたが、1762年にロシアのエリザヴェータが急死します。跡を継いだピョートル3世はフリードリヒ2世に友好的な人物だったため停戦に応じます。このためプロイセンは持ち直し、終戦後は先に触れたシュレジエンの支配を確定させました。

マリア・テレジアは、失ったシュレジエンの代わりにボヘミアを新たな工業の拠点に定め、手工業の育成、貿易の振興、交通網の整備などに務めました。

衝突の絶えなかった母と子

1765年、フランツ1世の死去により、マリア・テレジアの息子のヨーゼフ2世が神聖ローマ皇帝に即位しました。これ以降は、母子の共同統治が始まります。

マリア・テレジアの主な子ども

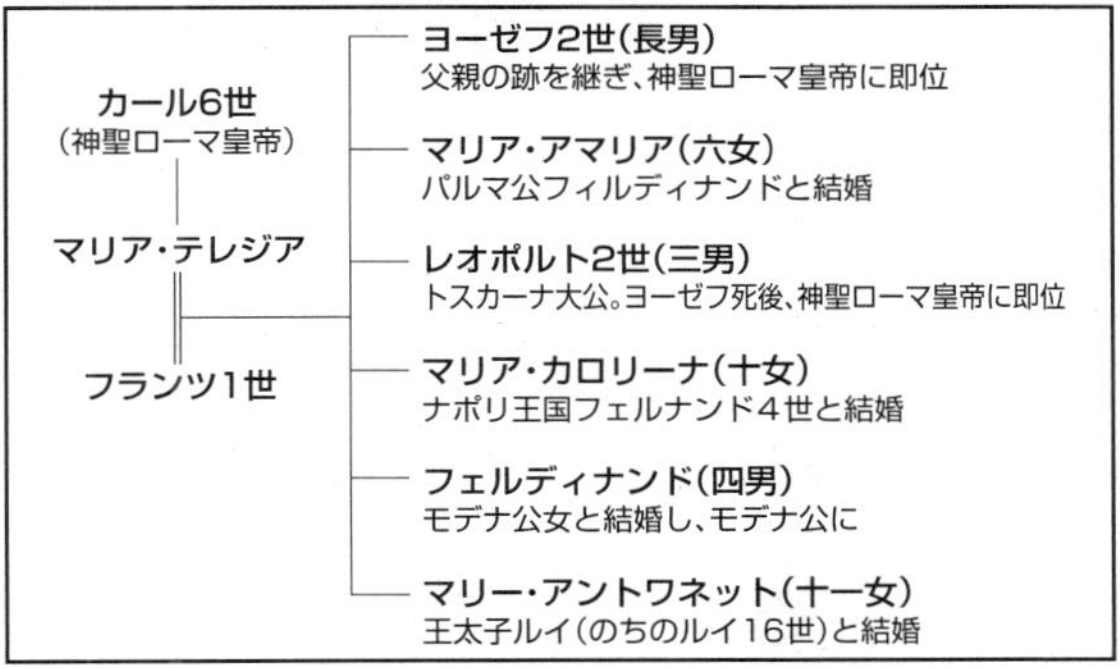

ヨーゼフ2世は、近代的な法治主義を説いたモンテスキューやルソー、ヴォルテールら啓蒙思想家の影響を受けており、血筋や家柄によって人の価値が決まるわけではないという思考の持ち主でした。

マリア・テレジアはやや保守的でしたが、ヨーゼフ2世はより啓蒙専制君主らしく、カトリック教会の免税特権を廃止したり、地方領主のもとでの農民の賦役を軽減させるなどの改革を進めました。

マリア・テレジアの子どもはヨーゼフ2世を含めて16人に及び、ハプスブルク家の安定のため盛んに政略結婚を行いました。5人の息子のうち3人、娘のうち二人はイタリアのブルボン家系の王族と結婚しています。フランスを支配するブルボン家との関係は重視され、末娘のマリー・アントワネットは、1770年にフランスの王太子ルイ（のちのルイ16世）と結婚しました。

子どもたちとマリア・テレジアの関係は複雑です。身体が弱く政略結婚に向かなかった次女アンナはうとまれ、美しい容貌だった四女クリスチーネは溺愛されました。マリア・テレジアが一番自分に似ていると評した十女カロリーナは、母の忠告を破って母と同じく嫁ぎ先のナポリ王国の政治を主導します。十一女のマリー・アントワネットは手紙によって生活態度に口出しされました。

マリア・テレジアは、子どもたちに母としての愛情を抱きつつも、親子間の性格的な対立や、君主としての子どもの政治的な利用価値などで揺れていたようです。

母子2代の手による「文化の都」

1780年にマリア・テレジアが63歳で死去すると、ヨーゼフ2世はより大胆に改革を進めます。宗教寛容令によってプロテスタントの信仰の自由を保障し、ユダヤ教徒の地位も改善しました。また、貧民救済事業にも力を入れ、農民を領主の所有物とみなす農奴制を廃止し、加えて、刑法典を定めて拷問と死刑を廃止しました。

かねてマリア・テレジアは、一般人に変装させた女官や侍従を通じて庶民の願望や不満を熱心に調べ、みずからも庶民と同じウィーンなまりのドイツ語を話し、観劇会や音楽会などの文化イベントを開いて市民に親しまれていました。さらにヨーゼフ2世の治世では、出版物の検閲制度が緩和され、新聞や雑誌の刊行が活発になります。ウィーンはしだいに、音楽家のハイドンやモーツァルト、ベートーヴェンをはじめ、さまざまな芸術家や作家、学者の集う都市になりました。

こうした民衆にとって好意的な施策を進める一方、ヨーゼフ2世はバルカン半島での勢力拡大をはかって、ロシア・トルコ戦争に介入します。ところが、戦果は乏しく、しかもみずから戦場に出て肺結核になり、1790年に死去しました。

オーストリアはマリア・テレジアとヨーゼフ2世の2代で、諸侯や教会が民衆を束縛する中世的な状態から、近代的国家へ変貌を遂げたといえます。

その後もウィーンは文化の都として栄え、チェコでは工業が発達し、牧畜の盛んなハンガリーはヨーロッパきっての食料生産地になるなど、中欧各地の特性はマリア・テレジアとヨーゼフ2世の時代に確立されたといえるでしょう。

ナポレオン1世

国民の軍隊を率いた「カールの再来」

「選挙で王座についた君主」は、古代からヨーロッパの歴史では少なくない。フランス革命後、軍人として多くの功績を上げ、議会と人民の支持によって皇帝に即位したナポレオンはその一人だ。

現在まで続く近代国家は、王侯貴族ではなく、国民が政治や軍事を担うことによって成立している。これは、フランス革命の成果として法のもとの平等を認める民法典を定め、徴兵制による「国民の軍隊」を率いて西欧の大部分を征服したナポレオンによって、各国に広まっていく。

〔生没〕1769年～1821年
〔在位〕1804年～1814年、1815年

フランス帝国

「国王」ではなく「皇帝」として即位

ナポレオンが皇帝に即位したのは、1804年5月のことでした。名乗ったのは「国王」ではなく「皇帝」、しかも単なるフランス皇帝ではなく、正確には「フランス人民の皇帝」です。なぜ、このような称号だったのでしょうか。

フランスでは10世紀にカペー朝が成立して以降、ヴァロワ朝、ブルボン朝と続き、18世紀末のフランス革命で共和政が成立しました。

天才的な軍人だったナポレオンは、政府に敵対する国内外の敵を次々と退けて人心をつかみ、1799年に第一統領に就任して実権を掌握します。そして、革命による新体制を引き継ぎつつ、自身の地位を確実なものにすべく世襲制の君主となることを望みます。ブルボン朝など過去の王朝との違いを明確にするため、「皇帝」を名乗りました。即位の際、ナポレオンは議会での元老院の議決と、人民投票による信任を受けました。「フランス人民の皇帝」という称号はこのことを示しています。

軍司令官から独裁権を確立した点は古代ローマ帝国のカエサルに、さらに議会の支持を受けて皇帝に即位したという流れはアウグストゥス（オクタウィアヌス）に似ています。ナポレオンは軍人としての功績をアピールする意味で、自身をアウグストゥスよりもカエサルになぞらえ、同時に、フランスのみならず現在のドイツ、イタリアを含む中世の西欧を再編したカール大帝（シャルルマーニュ）の再来を自認しました。

革命を経て国民軍が誕生

ナポレオンは１７６９年、地中海のコルシカ島に下級貴族の子として生まれました。同地がフランス領となったのはこの前年のことです。それ以前はイタリアのジェノヴァ共和国に属し、フランスよりもイタリアの文化的影響が強い地域でした。ナポレオンが誕生した年には、王太子ルイ（のちのルイ16世）とマリー・アントワネットが婚約しています。

当時のフランスは、商工業の発達により新興の富裕な市民階級（ブルジョワジー）が成長する一方、相次ぐ戦争による膨大な出費と凶作により財政が悪化していました。１７８９年、ルイ16世は税収問題を話し合うため、１７５年ぶりに聖職者（第一身分）、貴族（第二身分）、平民（第三身分）による「三部会」を開催します。

三部会で貴族と衝突した平民の代表と一部の貴族らが「国民議会」を結成します。ほどなく、平民層に支持されていた財務大臣ネッケルの罷免をきっかけに、群衆は暴動を起こし、武器などを得るためバスティーユ牢獄を襲撃します。これが「フランス革命」のはじまりです。国民議会は、封建的制度の廃止、人民主権などを唱えた「人権宣言」を発します。このときナポレオンは20歳、まだ一介の砲兵士官でした。

国民議会が実権を握ると、ルイ16世一家は他国への逃亡をはかりますが、失敗し、宮殿に幽閉されます（ヴァレンヌ逃亡事件）。

1792年には男子普通選挙が実施され、国民議会に代わる「国民公会」が成立しました。国民公会は王政を廃止して共和政（第一共和政）を採用すると宣言し、ルイ16世を裁判にかけます。有罪となったルイ16世は翌年処刑されました。この処刑を受け、革命の余波が自国に及ぶことを恐れたグレートブリテン王国（イギリス）やプロイセン、オーストリアなどのヨーロッパ各国は、1793年に「対仏大同盟」を結びます。

フランス政府は対仏大同盟に参加する各国との戦争のため、国民皆兵の徴兵制度を導入しました。王侯貴族に仕える軍隊ではなく、一般国民がみずからの国を守る軍隊の誕生です。政府は体制を維持すべく国民軍の力に頼ることになり、こうした環境でナポレオンは台頭していきます。

最新のメディアで大衆にアピール

1795年、ナポレオンは王政復古派によるヴァンデミエールの反乱を鎮圧して頭角を現し、26歳で国内軍（治安維持部隊）のトップに就きます。若年ながら軍の重鎮となったのは、フランス革命で旧来の有力者が次々と消えたためでした。

翌年、ナポレオンはイタリア遠征でオーストリア軍に快勝します。さらに、イギリスとインドの通商路を破壊するためエジプト遠征を決行します。このとき、「あの遺跡（ピラミッド）の頂《いただき》から4000年の歴史が君たちを見下ろしている」と言って兵を鼓舞しました。人心をつかむのがうまい、ナポレオンらしいパフォーマンスです。

この間、フランス国内の政情は不安定となり、強力な新政府の発足が待望されていました。1799年に帰国したナポレオンはブリュメール18日のクーデターを起こします。本来は、総裁政府のシェイエスや警察大臣のフーシェらが仕掛けたものでした

全盛期のフランス帝国（1810 年ごろ）

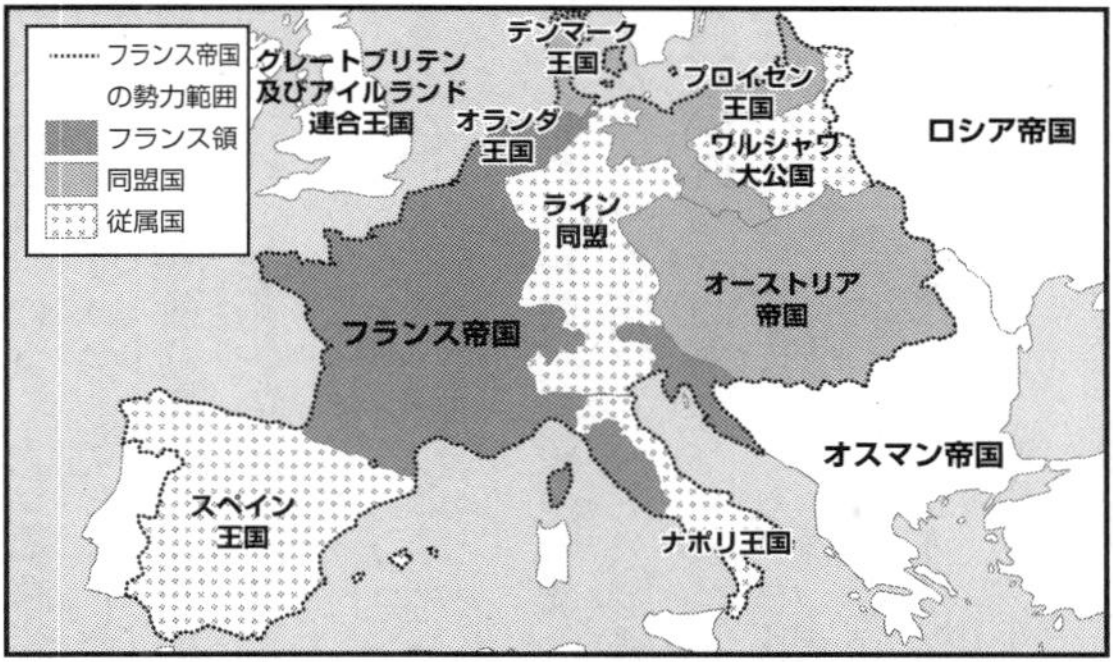

フランス帝国のほかに、同盟国と従属国まで含めると、ナポレオンの影響力は西欧全体に及んでいた。

が、ナポレオンがまんまと実権を握り、第一統領の座に就きました。ナポレオンは自身の軍事力を背景に、「革命初期の原則は固定され、革命は終わった」と宣言します。保守派と極左派の双方を牽制し、政権の安定をはかります。

翌１８００年、ナポレオンはアルプスを越えて北イタリアに侵攻し、オーストリア軍を撃破します。この戦果は、当時広まりつつあった新聞によって大々的に宣伝され、フランス国民を熱狂させました。

数々の戦勝の結果、１８０２年にフランスが優利な立場でイギリスとの和平を成立させます。同年、ナポレオンは終身統領に就任して独裁体制を確立しました。しかし、王政復古派によるテロや暗殺未遂は続きます。ブルボン朝の復活を望む勢力を完全に黙らせるため、35歳にしてナポレオン1世として皇帝に即位します。即位式ではローマ教皇から戴冠される通例に従わず、みずから王冠をかぶり、カトリック教会の権威に立脚した過去の王室との明確な違いを示しました。

今も使われている民法の草分け

ナポレオンが第一統領の時代から行った施策は、中央集権的な政治体制と経済秩序を定めつつ、貴族や大地主、聖職者など伝統保守的な勢力と、革命後の新しい制度や価値観の対立を調停するものだったといえます。

まず、1800年にフランス銀行を設立し、銀行券の発行を独占して国内の通貨を統一しました。これにより、財政は安定化します。

革命後のフランスは、旧来の支配層との結びつきが強かったカトリック教会と政府の関係が悪化していましたが、ナポレオンはローマ教皇庁との間に政教条約（コンコルダート）を結びます。フランス国内の信教の自由を認めつつ、カトリックもプロテスタントやユダヤ教と同じく国家からは中立な一宗派と位置づけた内容でした。

皇帝即位の直前には、「ナポレオン法典」を発布します。法のもとの平等や個人意思の自由、私的所有権の保障などを定めた民法典であり、各国の近代民法の原型となりました。ナポレオン法典は細部に修正を重ねながら現在まで存続しています。日本で明治時代に制定された民法も、ナポレオン法典を参照したものでした。

1802年には将兵を表彰するレジオン・ドヌール勲章を創設し、即位後は貴族制度を設け、爵位を用意しました。いずれも、血筋ではなく国家への功労によって新たなエリート階級を序列づける仕組みです。これは王政や貴族制度を否定する革新勢力からは「革命の裏切り」として反発を受けましたが、革命後の戦争で台頭してきた軍人や、新興の市民階級、革命の行きすぎを警戒する貴族などを惹きつけました。

高いカリスマ性を備えていたナポレオンは、自信過剰な人物でした。よく知られている言葉に「余の辞書に不可能はない」があります。これは、スペインの戦場で部下から「敵陣の突破は不可能です」と言われ、思わず「不可能だと。そんな言葉はフランス語にはない！」と言い返した話がもとになっているようです。

ナポレオンは若くして出世したうえに、地方のコルシカ島出身だったので、上流階級とのつき合いでは6歳年上の妻ジョゼフィーヌに助けられたところが大きかったようです。ジョゼフィーヌは貴族出身で幅広い人脈を持ち、国民の人気もある一方で、ナポレオンとの間に子がいませんでした。ナポレオンは自分の血統を権威づけるため、1810年にはローマ教皇の許可のもと苦楽をともにしたジョゼフィーヌと離婚し、ハプスブルク家から迎えた20歳以上も年下のマリー・ルイーズと再婚します。

こうした権威志向は、のちに諸外国の王侯貴族、そしてナポレオンを革命の英雄として支持していた国民に背を向けられる原因の一つとなります。

大陸封鎖の失敗、冬将軍に敗北

ナポレオンの即位後も、ヨーロッパ各国の同盟軍はフランスへの干渉を続けます。そこで1805年10月、フランス海軍はイギリス本土の攻略を狙ったものの、トラファルガーの海戦で隻眼の提督ネルソン率いるイギリス艦隊に敗退します。

同年12月のアウステルリッツの戦い（三帝会戦）では、ナポレオンがみずから率いた約7万5000人のフランス軍が、その3倍近い兵力を有するオーストリアとロシ

ボナパルト一族

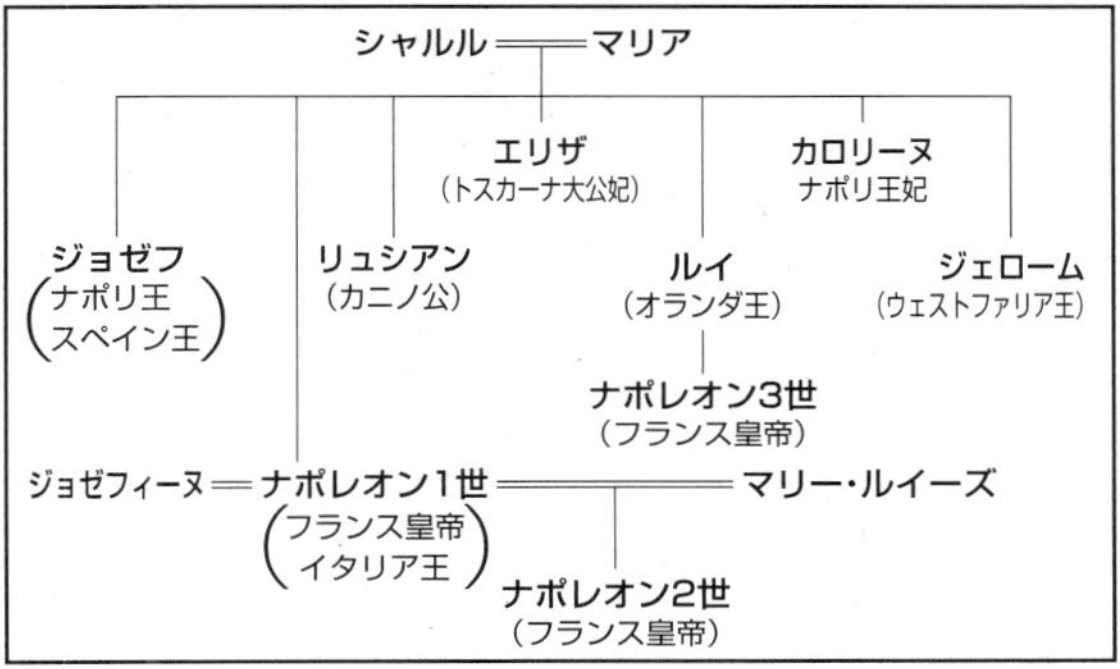

アの連合軍に劇的な勝利を収めます。パリの凱旋門として知られるエトワール凱旋門は、この戦勝の記念に築かれました。ただし、完成したのはナポレオンの没後です。

ナポレオンは、神聖ローマ帝国から西部ドイツ諸国を切り離し、スペインやイタリアなどを勢力圏に置きます。さらに、ヨーロッパの物流網からイギリスを遮断する大陸封鎖を断行しますが、北米やインドとの通商網を持っていたイギリスの被害は小さく、かえってイギリスとの交易を望むヨーロッパ各国の反発を招きました。

やがて、スペインでは武装した市民などの抵抗（ゲリラ）が激化し、ロシアは大陸封鎖を破ってイギリスとの交易を再開します。このため、ナポレオンは1812年にロシア遠征を行いますが、ロシアの広大な国土と強い寒気（冬将軍）の前に頓挫し、翌年にはライプツィヒの戦いでオーストリアやロシアなどの連合軍に敗北します。

1814年3月には各国の連合軍がパリを占領し、ナポレオンはフランス軍内部のクーデターによって退位させられ、イタリアのエルバ島に収監されました。

各国が戦後処理のウィーン会議にかまけていた1815年3月、ナポレオンはエルバ島を脱出して復位します。しかし、6月にはワーテルローの戦いで各国の連合軍に敗れ、再び捕らえられました。この短い復権は「百日天下」と呼ばれます。

ナポレオンはアフリカ南西の英領セントヘレナ島へ送られ、1821年に息を引き取ります。その遺骸は19年後にフランスへ帰国しました。

皇帝が遺したナショナリズムの芽

ナポレオンの失脚後、フランスではブルボン朝のルイ18世が即位し、王政が復活します（復古王政）。ヨーロッパでは、各国が協調してフランス革命以前の秩序と力関係が回復します。これを「ウィーン体制」と呼びます。

とはいえ、貴族に代わる富裕市民層の拡大や、それにともなう伝統的権威への反発は必然的な時代の流れでした。1830年には「七月革命」が勃発し、ブルボン朝は再び打倒され、自由主義的な立憲君主制のオルレアン朝が成立します。1848年には「二月革命」が勃発します。影響は、オーストリアやドイツなど各国に及びました。

この二月革命によってフランスに再び共和政（第二共和政）が成立し、ナポレオンの甥のルイが、かつてのナポレオン支持者や軍人らの支援を受けて大統領に就任しました。ルイは国民投票で信任を受けてナポレオン3世として皇帝に即位し、帝政（第二帝政）を開始します。ナポレオン3世はパリに近代的な上下水道や道路網を整備するなど、国内の産業革命を進めたものの、1870年のプロイセンとの普仏戦争（独仏戦争）で惨敗して失脚しました。

これ以降、今日に至るまでフランスでは共和政が続いています。

19世紀のヨーロッパ各国では、「国民の軍隊」を率いたナポレオンに刺激される形で、国民が主体となって国家を担うというナショナリズムが勃興しました。近代国家の多くが、ナポレオンが遺したもののうえにあるといっても過言ではないでしょう。

ヴィルヘルム1世

不本意な即位ながらドイツを統一

19世紀、ヨーロッパ各地ではナショナリズムの高まりによって、多くの新たな国家が生まれた。なかでも、数百年にわたって分立していた数々の小国を連合させたドイツ帝国は、一種の「人工国家」だったといえる。

その初代皇帝となったヴィルヘルム1世は、「ドイツ皇帝」ではなく、あくまでも「プロイセン国王」として生きることを望んでいた。皮肉にもヴィルヘルム1世自身の意志と関わりなく進められたドイツの統一は、その後のヨーロッパに何をもたらしたのか。

〔生没〕1797年～1888年
〔在位〕1871年～1888年（ドイツ皇帝として）

ドイツ帝国

19世紀初頭まで「ドイツ」は存在しなかった

21世紀現在、ドイツの人口は約8200万人と、ロシアを除けばヨーロッパ最大の国家です。ところが、今から200年前には、ドイツという国は存在しませんでした。

ドイツ帝国初代皇帝となったヴィルヘルム1世は、1797年に生まれました。当時、現在のドイツの位置にあったのは、北部のプロイセン王国を筆頭に、ザクセンやバイエルンほか多数の王国と、ハンブルクといった自治権を持つ諸都市などでした。各国の領土にはほかの領土に入り組んだ飛び地も多く、税制など行政面も複雑になっていました。そのうえ、ドイツ語圏の多くの国々を形式的にまとめていた神聖ローマ帝国は、ナポレオン1世率いるフランス軍の侵攻を受け、1806年に解体されてしまいます。

ナポレオン1世がドイツ語圏の諸国へ侵攻してきたとき、プロイセンの王子だったヴィルヘルムはまだ幼児期でした。一時的にロシアに亡命したヴィルヘルムは、1813年には16歳にして陸軍将校としてフランスに対する解放戦争に参加します。

その後、ドイツ語圏の諸国ではフランス軍に占領された経験から、民族の連帯を唱えるナショナリズムが高まります。そして、1815年、オーストリアを議長国として35の君主国と4つの自由市が参加する「ドイツ連邦」が成立しました。

さらに、1834年には「ドイツ関税同盟」が発足します。翌年にはバイエルン領内で鉄道の敷設が始まりました。鉄道網はプロイセンやバーデンなど各国ごとに整備されましたが、交通の発達とともに、ドイツ語圏の諸国は一つの経済圏として結びつけられるようになっていきました。

兄は皇帝戴冠を拒否

19世紀のドイツ語圏において、国民の政治参加を求める革命運動と、ドイツ統一を目指す動きは同時進行の課題でした。小国分立の状態では、各地の領民が分断されたまま、王族と臣下の個人間の関係によって政治が左右され、国民を一律の選挙民として扱うという近代的な法治国家の成立がはばまれていたからです。

1848年、フランスで「二月革命」が発生すると、その影響からドイツ語圏の各

ドイツ帝国内の各領土

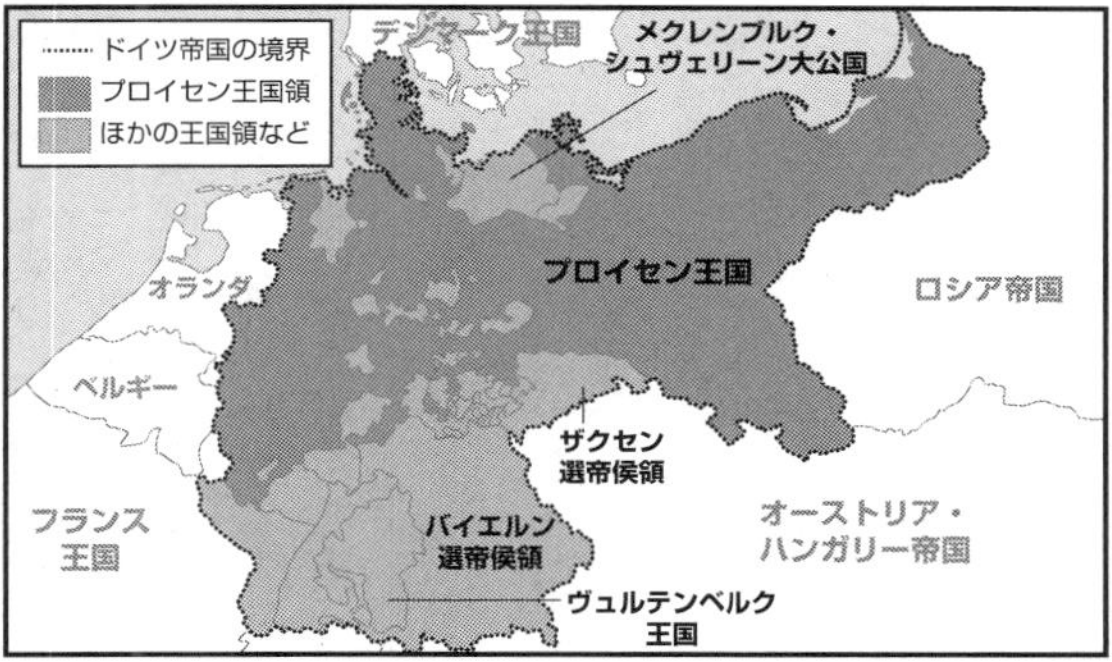

有力なプロイセン王国をはじめ、公国や数多くの選帝領などにそれぞれの領主がおり、政治も文化もまとまりがなかった。

地でも革命(三月革命)が起こります。ヴィルヘルムは、兄であり国王のフリードリヒ・ヴィルヘルム4世から、外交使節という名目でイギリスへ避難させられました。

三月革命を支持する市民や学者、自由主義的な官僚などは「フランクフルト国民議会」を立ち上げ、立憲君主制による統一ドイツ国家の建設をはかります。ここで統一ドイツにオーストリアを含む「大ドイツ主義」と、含まない「小ドイツ主義」の論争が巻き起こります。

オーストリアは、チェコ人やハンガリー人など非ドイツ人も含む多民族国家だったことが争点になりました。

オーストリアが国家の不可分を憲法で宣

言したこともあり、結局、国民議会では小ドイツ主義が主流派となり、1849年、フリードリヒ・ヴィルヘルム4世をドイツ皇帝に選出しました。

ところが、当のフリードリヒ・ヴィルヘルム4世は即位をきっぱり断ります。国民議会は単なる民間団体で、各国の諸侯や外国の君主たちの支持を得たものではなかったからです。これに前後してヴィルヘルムは帰国し、軍司令官として革命勢力を弾圧しました。

革命の収束後、フリードリヒ・ヴィルヘルム4世は妥協策として憲法を制定し議会を成立させますが、1858年には病床につき、ヴィルヘルムが政務を代行します。ヴィルヘルムは、フランス革命以前からの各国王朝の正統性を強く信奉する保守的な思想の持ち主でしたが、このころには穏健な自由主義者と連携をはかるようになっていました。ヴィルヘルムの妃アウグスタが比較的リベラルな人物だったことに加え、子どものフリードリヒ（のちのフリードリヒ3世）が議会政治の定着したイギリス出身の王女ヴィクトリアと結婚した影響のようです。

1861年にフリードリヒ・ヴィルヘルム4世が死去すると、子どもがいなかったため、ヴィルヘルムがヴィルヘルム1世としてプロイセン王に即位します。

「現下の大問題は、鉄と血によってのみ解決される」

兄の跡を継いだヴィルヘルム1世の最初の課題は軍制改革でした。そこで2年の兵役を3年に延長し、訓練の不十分な民兵隊を縮小して近代的な正規軍を拡大しようとします。しかし、労働力を軍隊に取られる商工業者などからの反発は大きく、陸軍大臣ローンは、議会の反対派を黙らすことができる強気の指導者として、元外交官のビスマルクを首相に推挙しました。

ビスマルクは首相に就任するや、「現下の大問題は（1848年の革命時のように）言論や多数決によってではなく、鉄と血によってのみ解決される」と力強く演説したことから、「鉄血宰相」と呼ばれるようになります。武断的な印象のあるビスマルクですが、前歴は軍人ではなく、ロシア大使、フランス大使です。ビスマルクの本領は国内外のさまざまな勢力との交渉や取引であり、戦争もあくまで手段の一つでした。

1864年、ビスマルクはオーストリアとともに対デンマーク戦争を起こし、ドイツ系住民の多いシュレスヴィヒ・ホルシュタイン地方の北部を獲得します。一方で南部はオーストリアが獲得し、これが新たな火種となりました。

プロイセンとオーストリアのドイツ統一の主導権争いは、１８６６年に普墺戦争へと発展します。ヴィルヘルム1世は参謀総長モルトケに指揮権を一任し、軍制改革の成果もあり、プロイセン軍はわずか7週間で大勝利を収めました。

戦後、ビルマルクはプロイセンを中心とする「北ドイツ連邦」を発足させます。ヴィルヘルム1世は過度な征服戦争を望まず、ドイツ語圏各国の王室の尊重を望みましたが、ビスマルクはハノーファー公国とヘッセン選帝侯国の王位を廃して、プロイセンへの併合を断行しました。

乗り気でなかった皇帝即位

プロイセンは普墺戦争の勝利後、ライン川沿岸地方の帰属をめぐり、フランスと対立します。

この普仏戦争（独仏戦争）で、プロイセンはバイエルンなどのドイツ南部の諸国も味方に引き込んで快進撃を続け、１８７０年9月にはナポレオン3世を降伏させて捕虜にしました。ビスマルクはこの勢いを逃さず、1871年1月、占領したパリのヴェルサイユ宮殿において、ヴィルヘルム1世をドイツ帝国皇帝に即位させます。

ビスマルクによるドイツ統一は、諸外国に対するプロイセンの立場を安定させ、革命運動に結びつく下からの統一の動きを抑えこむのが目的でした。一方でヴィルヘルム1世自身は皇帝即位を望んでいませんでした。ひとくちにドイツ語圏といっても、各地域は何百年も別々の独立国として存在しており、生活習慣も方言も違います。ヴィルヘルム1世にとっての祖国は「ドイツ」ではなく「プロイセン」でした。このことは、バイエルンのルートヴィヒ2世など、ドイツ域内のほかの王も同様の考えでした。

ドイツ帝国の成立後、ビスマルクは対外戦争を避け、帝国の安定維持に徹します。イギリス、フランス、ロシアによる包囲を防ぐため、ドイツ、オーストリア、ロシアの三帝同盟を結び、ロシアと同盟して英露対立をあおりました。

また、ドイツ北部ではプロテスタントが多いのに対し、バイエルンなど南部ではカトリック教徒が主流でした。ビスマルクは宗派の違いが国民意識の統一をはばむのを避けるため、学校教育からカトリック教会を切り離す「文化闘争」を展開します。加えて、社会主義運動を弾圧しました。一方で、工業の発展とともに増加してきた労働者の反発を避けるため、労災保険などの社会保障制度を導入しました。

ヴィルヘルム1世は、政務の一切をビスマルクに一任したわけではありません。不本意な即位でしたが、帝国の経済に深く関心を持ち、諸外国の王族との良好な関係維持に努め、ときにはビスマルクと衝突した閣僚を擁護しました。

ヨーロッパの中心ともいえる存在に

1888年3月、90歳のヴィルヘルム1世は臨終の間際まで外交問題について独白を続け、「もはや疲れているだけの時間もなかろう」と語ったそうです。

ヴィルヘルム1世の死後、2代皇帝となったヴィルヘルム1世の息子フリードリヒ3世は、親英派で国内の自由主義者とも友好的でしたが、即位後、わずか3カ月で急死します。続いて29歳で即位したフリードリヒ3世の息子ヴィルヘルム2世は、ヴィルヘルム1世とは対照的に、最初から「ドイツ皇帝」としての大国意識を抱いていたため、対外政策でイギリスやロシアとの衝突を避けようとしませんでした。

その後、ドイツ帝国は第一次世界大戦に進み、その敗戦によって1918年に崩壊

ヴィルヘルム1世を中心とした系図

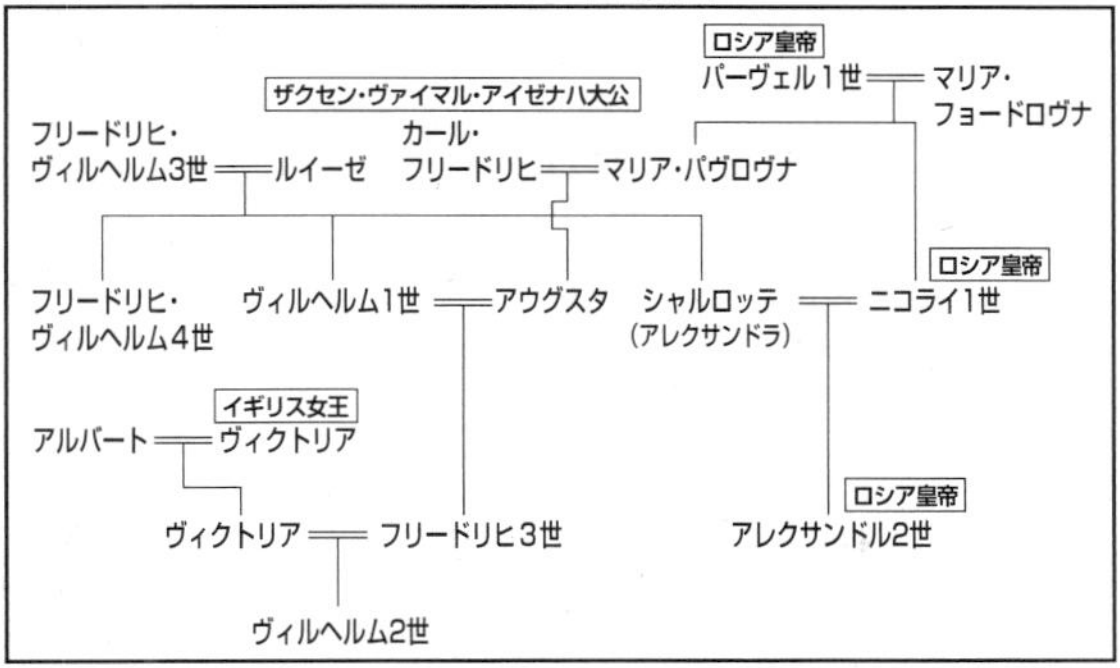

します。国民は過大な賠償金を課され、その不満と偉大な帝国の復活への願望から排外的なナチス政権が生まれ、第二次世界大戦へ進みました。

終戦後、ドイツは戦勝国の統治下に入り、さらに冷戦の影響で東西に分断されます。1990年にドイツは再統一され、経済大国へと目覚ましい発展を遂げていきます。

初代神聖ローマ皇帝オットー1世から始まったともいえるドイツの歴史は、中世の領邦国家体制や、近代の帝政、20世紀の東西の分断期を経て、現在では連邦制の国家でありながら、ヨーロッパの中心ともいえる存在になっています。

ヴィクトリア女王

「ヨーロッパの祖母」が支えたイギリスの世紀

19世紀後半のイギリスは、よく「大英帝国」と呼ばれる。この時代を築いたヴィクトリア女王は、64年間の在位中に立憲君主制を確立させる一方、アジア、アフリカ、アメリカ大陸の広大な植民地を支配し、積極的にヨーロッパ各国との王室外交を展開した。

古代にローマ帝国がヨーロッパの安定をもたらした時期を「パクス・ロマーナ（ローマの平和）」と呼ぶように、ヴィクトリア女王の治世で、イギリスが世界をリードした時代は「パクス・ブリタニカ」と呼ばれている。

〔生没〕1819〜1901年
〔在位〕1837〜1901年

グレートブリテン及びアイルランド連合王国

母も夫もドイツ人だったイギリス女王

イギリスは19世紀後半、カナダやオーストラリア、香港、シンガポール、インド、南アフリカなどを勢力下に置き、じつに地球上の陸地の4分の1を支配しました。この空前の繁栄を築いたヴィクトリア女王は、イギリスの君主にもかかわらず、家族間では英語ではなく、ほとんどドイツ語で話をしていたといわれています。

18世紀のはじめ、スコットランドのスチュワート朝は、イングランドとウェールズを統合し、現在のイギリスの原形ができます。ところが、当時のアン女王には王子がなく、１７１４年にアンの親族でドイツのハノーヴァーから迎えたジョージ１世が王位を継ぎ、新たにハノーヴァー朝を創始します。

つまり、ハノーヴァー朝はドイツ系の王家です。その後、この王朝はアイルランド王国を支配下に置き、１８０１年に「グレートブリテン及びアイルランド連合王国」（イギリス）を成立させます。

ヴィクトリア女王の父のケント公エドワード・オーガスタスはロンドンで生まれま

したが、母のヴィクトワールはドイツのザクセン出身で、英語がうまく話せませんでした。ヴィクトリアとは母の名を英語の発音にしたもので、当時はイギリス人らしくない名です。なお、ケント公には3人の兄がいたため、ヴィクトリア誕生時の王位継承順位は5位でした。

ヴィクトリアの生後間もなくケント公は借金を残して死去します。ヴィクトリアと母は3人のおじをはじめ王族から冷遇され、ロンドンのケンジントン宮殿内には専用の個室さえありませんでした。

不遇の少女時代を送ったヴィクトリアは王位に就く気はなく、11歳のとき、自身が即位する可能性があると知って大泣きしたと伝えられています。その後、3人のおじが次々と早世したため、1837年6月に18歳で即位しました。

即位の2年後、ヴィクトリア女王は母方のいとこで、同じ歳のハノーヴァー朝公子アルバートと結婚します。アルバートもドイツのザクセン出身だったので、夫婦はほとんどドイツ語で会話していたそうです。このため、国民の多くは女王夫妻にあまり親しみを感じませんでしたが、夫婦の絆は強く、仲のよい女王夫妻の姿は、19世紀後期のイギリス上流家庭のモデルとなりました。

植民地拡大で生まれた紅茶の時代

ヴィクトリアの女王即位時のイギリスは激動の時代でした。

18世紀後半には蒸気機関が実用化され、力織機の発明により繊維の生産は増大し、産業革命が始まっていました。石炭の採掘が拡大して次々と大型の溶鉱炉がつくられ、鉄鋼の生産効率は1828年から1840年までの12年間で約2倍も向上し、1830年には、工業地帯のマンチェスターと商業港のあるリヴァプールを結ぶ鉄道が開通しました。

イギリスは急激に工業力を拡大させた結果、「世界の工場」と呼ばれます。

蒸気船の普及で海外進出が容易になり、大量生産で多くの武器と商品が生み出されると、イギリスを筆頭にヨーロッパ列強は市場の拡大を求め、アジアやアフリカに植民地を広げる帝国主義を進めました。

「ヴィクトリア朝」と呼ばれたヴィクトリア女王の治世では、イギリスの上流階級は優雅に紅茶を飲んでいるイメージがあります。紅茶販売業者のトワイニングは、女王の即位とともに王室御用達ブランドになりました。これも帝国主義政策が生んだ文化です。イギリスは、17世紀から国策企業の東インド会社を通じてインドでの勢力拡大をはかっていましたが、産業革命が進むと大量生産された繊維製品をインドに輸出し、インドで採取したアヘンを中国王朝の清に転売して、清からは茶葉を輸入するという三角貿易を確立しました。

ところが、清は依存性の強いアヘンの害毒と、アヘン購入による銀の流出を問題視して、イギリスとの交易を拒絶しようとしました。この対立から、1840年にはアヘン戦争が勃発します。清に勝利したイギリスは香港を租借地として入手し、東アジア地域での前線基地にするとともに、さらなる市場拡大に乗り出します。

イギリスはインドの植民地化を進め、1857年の大規模な反英運動であるインド大反乱（セポイの乱）を鎮圧後、ヴィクトリア女王はインド全土を支配下に置き、のちにインド女帝に即位します。

ヨーロッパでのイギリス君主の対外的な呼称は、昔から皇帝（Emperor）ではなく王（King）でしたが、「女王」ではなく「女帝」を名乗りたがっていたヴィクトリアは、インド領有によってその念願を叶えました。

ヴィクトリアを中心としたイギリス王室

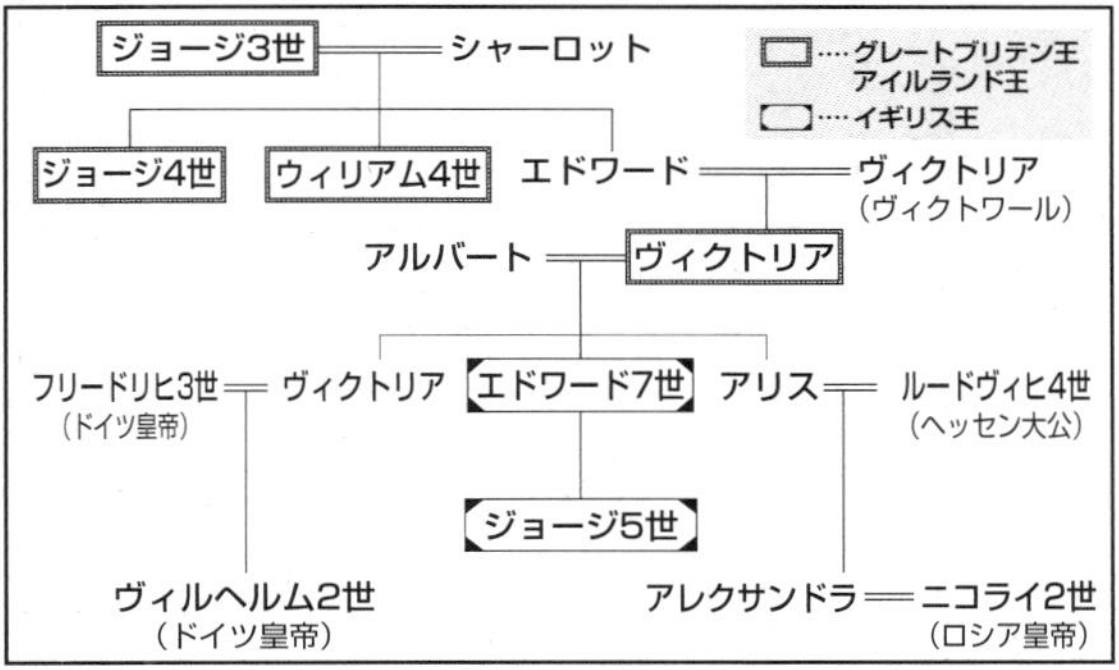

政略結婚と「光栄ある孤立」

1853年にクリミア戦争が起こると、イギリスはフランス、トルコ、イタリアのサルデーニャと同盟し、黒海でのロシアの勢力拡大阻止をはかりました。ヴィクトリア女王は帰還した負傷兵をみずから見舞い、さらに従軍看護師のナイチンゲールと面会して、彼女が提案した病院の改善策を取り入れます。

この戦争でロシアに大勝したイギリスは、直接的な利益こそ大きくなかったものの国際的な発言力を高め、女王は各国の王室の関係調整役になろうとします。

1858年には、女王の長女で同じ名前の

ヴィクトリアが、プロイセン王国のフリードリヒ皇太子と結婚しました。長女ヴィクトリアはのちに、夫のドイツ皇帝（フリードリヒ3世）即位にともない皇后となります。次女アリスはドイツのヘッセン大公と結婚し、その娘でヴィクトリア女王の孫にあたるアレクサンドラは、のちにロシア皇帝ニコライ2世の皇妃となりました。

こうした各国の王族との姻戚関係により、ヴィクトリア女王は「ヨーロッパの祖母」と呼ばれるようになります。各国の子たちと手紙を送り合って国際情勢を把握しつつ、積極的な王室外交を展開しました。

ヴィクトリア女王とアルバート公の間には4男5女の子がいました。女王は気が強く、かんしゃく持ちだったといわれ、親子で衝突することもありました。ことに、皇太子で父親と同じ名のアルバート（通称バーディ。のちのエドワード7世）は、女遊びが好きで素行がよくなかったので、親子仲は険悪だったといわれます。

1861年12月、ヴィクトリア女王の最愛の夫で頼れる助言者だったアルバート公が、42歳で死去します。以降、40年近くにわたって、女王は公の場では喪服を着ています。

夫の死を嘆く間もなく、新たな外交上の難題が浮上します。

イギリスの主な植民地（1920年）

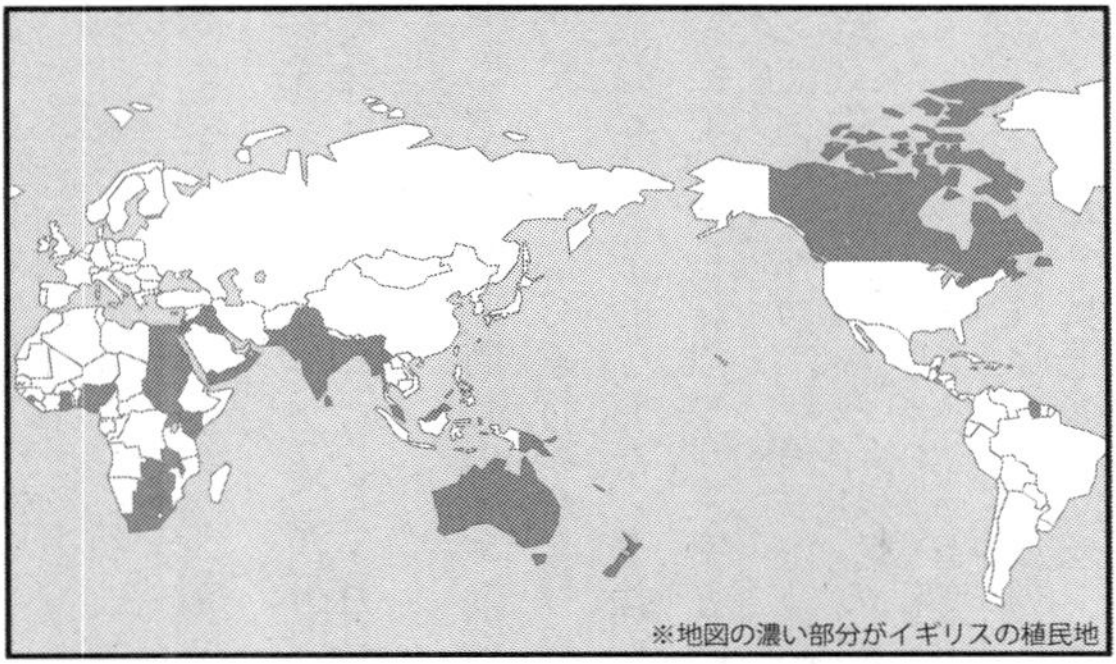

アジアやアフリカをはじめ、世界の大陸のあちこちに大小の植民地を有していた。第二次世界大戦後も、英連邦に属したままの国が多い。

ナポレオンが失脚したのちの１８１５年に開かれたウィーン会議で、イギリス、フランス、ロシア、プロイセン、オーストリアの５大国が勢力均衡をはかる「ウィーン体制」を築きました。ところが、フランスのナポレオン３世と、プロイセンの宰相ビスマルクがウィーン体制を解体して自国の勢力拡大をはかります。そのため、ヴィクトリア女王はこの二人を敵視します。

ヴィクトリア女王の母も夫もドイツ出身だったことに加え、娘がプロイセンの王族と姻戚関係になったため、国民の間には女王をドイツの手先と見なす意識がありました。しかし、プロイセンを贔屓《ひいき》することはなく、１８７０年の普仏戦争（独仏戦争）

では中立を維持しています。

19世紀後半のイギリスの外交政策は、特定の国と長期の同盟を結ばない「光栄ある孤立」を基本としていたからです。

定着した二大政党制と立憲君主制

ヴィクトリア朝時代のイギリスでは、商業・工業の拡大や植民地からの富の流入によって、都市部で銀行家や会社経営者など新興の富裕な市民階級（ブルジョワジー）が成長し、政治的な発言力を強めていきます。

議会では18世紀以来、王室と国教会を積極的に支持するトーリー党と、これに対立するホイッグ党が二大勢力でした。ヴィクトリア女王の即位後、トーリー党は、貴族や地主など従来からの有力者の利益を代表する保守党に発展します。一方、１８５９年には、ホイッグ党やほかの諸勢力が合同して市民階級と労働者の利益を代表する自由党が成立しました。これ以降、保守党と自由党の二大政党制が確立されます。

ヴィクトリア女王は即位後、当初は組閣や政策の決定について、みずから意志を示していました。しかし、二大政党の間で政権交代がくり返されるようになるにつれ、政治の主導権は議会に移り、結果的に、国王は「君臨すれども統治せず」という立憲君主制が定着していきます。

ただし、王室が政治に直接関わることが少なくなっても、ヴィクトリア女王個人は、新興勢力を代表する自由党の有力者であるグラッドストンを嫌い、王侯貴族との結びつきが強い保守党のディズレーリと友好関係を築きました。

こうした立憲君主制と、救貧法をはじめとする政府による社会保障制度は、のちの西欧各国や明治憲法制定後の日本など、ほかの君主国のモデルとなります。

1887年、ヴィクトリア女王は在位50周年を迎え、その記念式典では各国の王侯貴族や高官から盛大に祝われました。ちなみに、ヴィクトリア朝時代の文化風俗が活写された『シャーロック・ホームズ』シリーズの第1作が書かれたのはこの年で、前後20年ほどが、イギリスの繁栄の頂点といえるでしょう。

イギリスでは庶民の間でも、インドや東南アジア、中南米などの植民地の大規模農園(プランテーション)からもたらされた茶や砂糖、香辛料などが広まりました。また、蒸気船や鉄道、ガス灯、上下水道などが普及したのもこのころです。

ヴィクトリア女王自身も、鉄道を利用するなど、文明の利器を活用しています。

「ヨーロッパの祖母」の衰えと各国の衝突

19世紀も末期になると、ヴィクトリア女王の老いとともに、繁栄を謳歌する大英帝国にも少しずつ不安の陰が漂いはじめます。ヨーロッパ列強による植民地獲得競争が激化するなか、各国の利害の衝突が深刻化してきたからです。

プロイセンでは、1888年にヴィクトリア女王にとって初孫にあたるヴィルヘルム2世が皇帝に即位しました。幼少のころは祖母と仲がよかったヴィルヘルム2世は、プロイセンの勢力拡大をはかり、英独関係の緊張を高めます。

1898年には、イギリス軍とフランス軍がアフリカのスーダンで衝突するファショダ事件が発生します。あわや英仏の戦争となりかけますが、フランスの譲歩で事なきを得ます。翌1899年には、南アフリカでイギリス軍とオランダ系移民のボーア人（ブール人）が衝突し、ボーア戦争が勃発しました。

ボーア戦争は現地の金とダイヤモンドの利権をめぐる戦争でしたが、予想以上に長期化して1902年まで続きます。ヴィクトリア女王は高齢で視力が衰えていながらも、各国の王族と手紙で情報を交換し、軍から戦況についての報告を受け取り、政府高官と打開策を協議しました。しかし、戦争の終結を見ることなく、1901年1月に81歳で生涯を終えます。

「ヨーロッパの祖母」と呼ばれたヴィクトリア女王の死後、王室外交によって保たれていた各国の友好関係はゆらぎ始めます。

そして、1914年にはついに第一次世界大戦が勃発します。この戦争では、イギリス国王のジョージ5世、ドイツ皇帝のヴィルヘルム2世、ロシア皇后のアレクサンドラという、各国に散らばった女王の孫たちが敵対することになりました。

ヴィクトリア女王の没後、女王の夫であったアルバート公の実家、ハノーヴァー朝は、ザクセン＝コーブルク＝ゴータ朝と名を変えました。ところが、ドイツ風の名に対して、第一次世界大戦中に国民の反独感情が高まったことから、ロンドン近郊の王城の名をとって「ウィンザー朝」と改められ、現在に至ります。

第一次世界大戦でイギリスは戦勝国となりますが、インドなどの植民地では独立運動が激化し、国際社会の主導権はイギリスからアメリカへと移っていきます。

ニコライ2世

時代のうねりに翻弄された悲運の君主

多くの王朝の始祖や最盛期を築いた君主に対し、最後の君主となった者が肯定的に語られることはほとんどない。ロシア革命によって非業の死を遂げたニコライ2世は、温厚で紳士的な人柄であったが、祖国の近代化を十分に果たしきれず、「怪僧」ラスプーチンの台頭による内政の混乱、数々の戦争によるロシア国民の困窮を招いてしまった。

ヨーロッパとアジアの双方で熾烈な帝国主義戦争が続いた20世紀初頭、ニコライ2世はなぜ、非運の最期を迎えることになったのか。

〔生没〕1868年～1918年
〔在位〕1894年～1917年

ロシア帝国

明治維新と並行していたロシア近代化

2017年、ロシアでは青年期のニコライ2世を描いた映画『マチルダ』の公開をめぐり、大きな議論が起こりました。この作品は、ちょうど100年前の1917年、「ロシア革命」で退位したニコライ2世と、バレリーナのマチルダ・クシェシンスカヤの悲恋を描いています。露骨な性描写があるので「亡き皇帝を中傷する内容ではないか」と、伝統を重視する保守的な政治家や聖職者などが猛反発したためです。

ロシア革命後、1991年まで続いたソヴィエト政権では評価の低かったニコライ2世は、このように、再びロシア国民の関心を集めています。

ニコライ2世が生まれた19世紀のロシアは、まだ国民が参加する議会はなく、皇帝が絶大な権力を持ち、農民を領主の所有物とみなす農奴制が維持され、西欧にくらべると旧態依然とした国家でした。ニコライ2世の誕生より20年前、1848年にフランスで「二月革命」が発生し、その影響がロシアにも及ぶと、国内の反政府的な文化人が徹底的に弾圧されました。『罪と罰』や『カラマーゾフの兄弟』などで後年知られる作家ドストエフスキーも、このとき逮捕されてシベリアへ流刑にされています。

１８５３年、黒海・地中海での勢力拡大をはかるロシアは、オスマン帝国、イギリス、フランスなどの連合軍と衝突し、クリミア戦争が勃発します。この戦いでロマノフ朝皇帝アレクサンドル２世は、軍の組織力でも技術力でも英仏に大きく劣ることを痛感し、１８６１年に「農奴解放令」を出すなど各種の近代化に着手します。その改革の混乱が続いていた１８６８年に、ニコライ２世は生を受けます。

ちなみに、のちに「ロシア革命」を主導するレーニンは２年後に生まれているので同世代です。そして、１８６８年は日本の明治元年にあたります。

好奇心が招いた刃傷沙汰

アレクサンドル２世がロシアの近代化に乗り出しても、国民の間には政府への強い不満が広まっていました。１８８１年、アレクサンドル２世は帝政打倒を唱えるテロリストによって暗殺されます。続いて即位した息子アレクサンドル３世は、反政府勢力を徹底的に弾圧する強硬姿勢を取りました。

ニコライ2世の治世時のロシア帝国

南下政策によって、西ではオスマン帝国やバルカン半島の諸国、極東では日本との衝突が、のちに戦争へと発展していく。

少年期のニコライは、祖父アレクサンドル2世の暗殺という恐怖によって、父アレクサンドル3世の方針に感化されます。

ニコライの皇太子時代、外国資本の導入によってロシアの工業が大きく発展します。冬期も海が凍結しない「不凍港」を確保するため、地中海と黒海に面したヨーロッパ側、太平洋に面したアジア極東の双方で南下をはかりました（南下政策）。

その結果、セルビアやブルガリアなどバルカン半島の諸国では、スラブ族の連帯（汎スラブ主義）を掲げるロシア、ゲルマン族のドイツ・オーストリア、イスラーム教国であるオスマン帝国の3者の争いが激化します。一方、極東では、朝鮮半島や満州の利権をめぐって日本と対立します。

1891年、アジア歴訪中の皇太子ニコライが、ギリシア王国王子ゲオルギオスとともに訪日します。ニコライは日本文化に好奇心を示し、遊郭を訪れたり、腕に竜の彫り物を入れたりしたといわれています。

ところが、警護担当だった巡査の津田三蔵がニコライを斬りつける「大津事件」が発生します。日本政府はロシアとの軍事衝突を恐れ、明治天皇がニコライに謝罪し、ことなきを得ます。ただ、後年までニコライには日本への悪感情が残ったようです。

事件後、ニコライはロシア極東のウラジオストクでシベリア鉄道の起工式に参加します。ヨーロッパと極東を結ぶこの壮大な鉄道の建設は、即位後のニコライにとって最大の事業となり、広大なロシアの物流に革新をもたらします。

日露戦争をきっかけに民主化が進む

1894年11月、病死したアレクサンドル3世に代わって、ニコライはロシア皇帝ニコライ2世として即位します。蔵相・運輸相のウィッテを重用し、重工業の発展を進めます。

即位の翌年、日清戦争に勝利した日本が、清から遼東半島や台湾などを獲得します。ロシア帝国政府はこれに反発し、ドイツ、フランスとともに遼東半島を手放すよう日本に圧力をかけた（三国干渉）ため、日本で反露感情が高まりました。

１９００年には清で外国勢力の排除を唱える義和団事件（北清事変）が発生します。この事件は諸外国の連合軍によって鎮圧されます。ロシア軍が事件後も満州に駐留する兵力を拡大したことで、イギリスは極東におけるロシア台頭を懸念し、日本と「日英同盟」を結びました。

このような状況下、１９０４年2月、日本がロシアに宣戦布告し、日露戦争が勃発します。開戦後、帝国はシベリア鉄道を通じて兵員と物資を極東に送りましたが、本拠地であるヨーロッパ側から極東は遠いため、緒戦に出遅れます。

戦争の長期化により国民生活はひっ迫し、１９０５年1月には首都ペテルブルクにおいて大規模な反政府デモが発生します。デモは「第一次ロシア革命」に発展し、戦争の継続は困難となりました。

同年5月には、極東に派遣したバルチック艦隊が日本海軍に敗北（日本海海戦）、壊滅します。ニコライ2世はやむなく講和を受け入れ、9月には日本との間でポーツマス条約（日露講和条約）を締結しました。

翌10月、ニコライ2世は国民の不満をなだめるため、ウィッテを首相の座に就け、国会の開設、立憲君主制の導入などの民主化を確約します。ところが、ウィッテの早急な改革方針にニコライ2世は懸念を示し、ほどなくウィッテは辞任します。その後、首相となったストルイピンは、自営農の育成などを進めましたが、反政府勢力に対して徹底した弾圧を行い、無政府主義者のテロリストに暗殺されました。

皇帝夫妻を魅了した怪僧

ニコライ2世は、臣下から不快な報告を受けても激昂することのない穏やかな性格の持ち主であり、英語を流暢に話す教養人でした。しかし、政治思想は保守的だったようです。非常に信心深くもあり、ロシア土着の文化を愛し、妻子をとても大事にする人物でした。皮肉にも、このような性格が思わぬ災いを招いてしまいます。

日露戦争中に生まれたニコライ2世の長男アレクセイは、出血すると血が止まりにくい血友病でした。女性から遺伝して男性が発病することが多いとされ、アレクセイの病は、皇后アレクサンドラの祖母であるイギリスのヴィクトリア女王からもたらされた遺伝と考えられています。家族思いな皇帝夫妻は皇太子の治療のためにあらゆる手を尽くします。

ロマノフ朝の系図

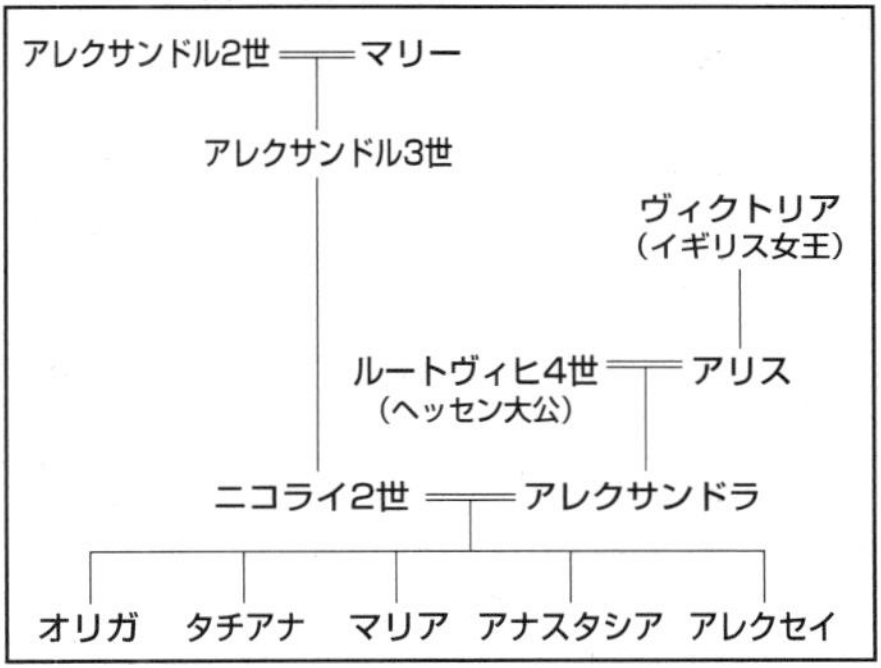

当時の医学では十分な効果がないため、信心深さからさまざまな祈祷師にも頼りました。その一人である宗教家ラスプーチンが、アレクセイの症状を改善させます。ニコライ2世は大いに喜ぶとともに、粗野な態度を取るラスプーチンを、素朴な民衆の代表者と思い込み、心酔しました。以後、ラスプーチンが宮中で権勢を振るうようになります。

1914年、第一次世界大戦が勃発します。戦争が長期化すると、疲弊した国民はラスプーチンが皇帝一家を操って政治の混乱を招いているとして不満が広まりました。加えて、皇后アレクサンドラがドイツ出身であったため、「敵国の内通者」と噂され、皇帝一家への反発が高まります。1916年、ラスプーチンは、かねて彼を敵視していたユスポフ公爵ら貴族に暗殺されました。

約300年続いたロマノフ朝にとって運命の年が訪れます。1917年、「二月革命」が勃発し、臨時政府によりニコライ2世は退位させられます。さらに、亡命先のスイスから帰国したレーニンらが「十月革命」を起こして実権を奪い、ボリシェヴィキ派（のちのソ連共産党）政権が発足します。

革命軍に捕縛されたニコライ2世は態度を荒げず、家族を気づかって穏やかに過ごしていました。しかし、内外の反革命勢力の旗印にされる可能性があるとの理由で、ボリシェヴィキ政権は裁判を開かずに、1918年7月に皇帝一家を処刑します。

日露戦争から世界大戦へ

ニコライ2世は決して暴君ではなかったものの、政治改革には消極的で、目まぐるしく変化する時代に対応できなかったといえます。とはいえ、ヨーロッパとアジアにまたがるロシアの君主として、重要な位置に立っていました。

先に触れたように、ロシアと日本は同時期に近代化に着手し、シベリア鉄道の敷設など極東でのロシアの勢力拡大は、日本との衝突を招きました。

日露戦争の敗北によってロシアの軍事力が低下すると、国際社会ではそれまでの英露の対立に代わって英独の対立が浮上し、ドイツを包囲する形でイギリス、フランス、ロシアの「三国協商」が成立します。極東への進出をくじかれたニコライ2世は、東欧のバルカン半島での勢力拡大に方針を切りかえたことで、ドイツ、オーストリアとの対立を招き、これが第一次世界大戦の一因となりました。

第一次世界大戦は、ロシア、ドイツ、オーストリア、オスマン帝国の4国で君主制が瓦解するという、大きな歴史の変革をもたらしました。

旧ソ連時代、ニコライ2世は前近代的な旧体制の象徴とみなされましたが、共産党政権の崩壊後、伝統的価値観の復権とともに、非運の犠牲者として同情を集めるようになっています。皇帝一家の遺体はソ連政府によって廃棄されたと公表されていましたが、1998年に発掘され、改めて埋葬されました。そして、ロシア正教会はニコライ2世を殉教者として、2000年に聖人に列しています。

主要参考文献

『世界の歴史1人類の起源と古代オリエント』大貫良夫、前川和也、渡辺和子、屋形禎亮（中央公論社）／『ハンムラビ法典』飯島紀（国際語学社）／『ハンムラビ「法典」』中田一郎訳（リトン）／『ハンムラビ王 法典の制定者』中田一郎（山川出版社）／『バビロニア』ジャン・ボッテロ著、南条郁子訳（創元社）／『世界の歴史4 オリエント世界の発展』小川英雄、山本由美子（中央公論社）／『古代エジプト ファラオ歴代誌』ピーター・クレイトン著、藤沢邦子訳（創元社）／『ラメセス2世』ベルナデット・ムニュー著、南条郁子・福田ゆき訳（創元社）／『ペルシア帝国』ピエール・ブリアン著、柴田都志子訳（創元社）／『図説 アレクサンドロス大王』森谷公俊（河出書房新社）／『世界の歴史5 ギリシアとローマ』桜井万里子、本村凌二（中央公論社）／『アレクサンドロス大王 今に生きつづける「偉大なる王」』澤田典子（山川出版社）／『人間・始皇帝』鶴間和幸（岩波新書）／『現代語訳 史記』大木康（ちくま新書）／『覇道 天下を制する覇者の器量』尾崎秀樹ほか（経済界）／『アウグストゥス ローマ帝国のはじまり』アントニー・エヴァリット著、伊藤茂訳（白水社）／『古代ローマを知る事典』長谷川岳男、樋脇博敏（東京堂出版）／『世界の歴史5 ギリシアとローマ』桜井万里子、本村凌二（中央公論社）／『ローマ五賢帝「輝ける世紀」の虚像と実像』南川高志（講談社）／『世界の歴史10 西ヨーロッパ世界の形成』佐藤彰一、池上俊一（中央公論社）／『ビザンツ帝国史』ポール・ルメルル著、西村六郎訳（白水社）／『皇帝ユスティニアヌス』ピエール・マラヴァル著、大月康弘訳（白水社）／『最後のローマ皇帝 大帝ユスティニアヌスと皇妃テオドラ』野中恵子（作品社）／『中国の歴史6 絢爛たる世界帝国 隋唐時代』氣賀澤保規（講談社）／『人物中国五千年5 世界帝国の盛衰 隋・唐・五代十国』奥平卓（PHP研究所）／『中国人物伝Ⅲ 大王朝の興亡 隋・唐―宋・元』井波律子（岩波書店）／『中国文明の歴史5 隋唐世界帝国』外山軍治編（中央公論新社）／『カール大帝 ヨーロッパの父』佐藤彰一（山川出版社）／『地上の夢キリスト教帝国 カール大帝の〈ヨーロッパ〉』五十嵐修（講談社）／『フランス中世史年表』テレーズ・シャルマソン著、福本直之訳（白水社）／『ローマ帝国衰亡史 7』エドワード・ギボン著、中野好之訳（筑摩書房）／『イスラム・ネットワーク アッバース朝がつなげた世界』宮崎正勝（講談社選書メチエ）／『世界の歴史 8 イスラーム世界の興隆』佐藤次高（中央公論社）／『イギリス史10講』近藤和彦（岩波新書）／『物語 イギリスの歴史（上）』君塚直隆（中公新書）／『アルフレッド大王 英国知識人の原像』（朝日選書）／『ドイツ史10講』坂井榮八郎（岩波新書）／『物語 ドイツの歴史』阿部謹也（中公新書）／『帝王列記 西洋編』磯田暁生、ファーイーストアミューズメントリサーチ（新紀元社）／『英国王室史話』森護（大修館書店）／『皇帝フリードリヒ二世』エルンスト・H・カントーロヴィチ著、小林公訳（中央公論新社）／『中国の歴史8 疾駆する草原の征服者 遼 西夏 金 元』杉山正明（講談社）／『モンゴル帝国の興亡（上）（下）』杉山正明（講談社現代新書）／『クビライの挑戦 モンゴル海上帝国への道』杉山正明（朝日選書）／『モンゴル帝国の興亡』岡田英弘（ちくま新書）／『永楽帝 明朝第二の創業者』荷見守義（山川出版社）／『鄭和の南海大遠征 永楽帝の世界秩序再編』宮崎正勝（中公新書）／『スレイマン大帝とその時代』アンドレ・クロー著、濱田正美訳（法政大学出版局）／『アラブ500年史 オスマン帝国支配から「アラブ